E. F. Schumacher

Das Ende unserer Epoche

Reden und Aufsätze

Deutsch von Karl A. Klewer

Rowohlt

Die Originalausgabe erschien 1979
bei Harper & Row, Publishers, New York,
unter dem Titel «Good Work»
Redaktion Ingke Brodersen
Umschlagentwurf Werner Rebhuhn

1. Auflage März 1980

Gesamtherstellung Clausen & Bosse, Leck
Satz Times Antiqua 11 Punkt Linotron 404
Printed in Germany
ISBN 3 498 06141 0

Inhalt

Vorwort

Als E. F. Schumacher im September 1977 starb, bezeichnete eine gute Freundin, Barbara Ward, ihn als einen Angehörigen jener äußerst schöpferischen Minderheit, die dem menschlichen Denken eine neue Richtung gewiesen hat. Seine beiden Bücher *Die Rückkehr zum menschlichen Maß* und *Rat für die Ratlosen* werden wohl, jedes für sich, seine Gedanken und Vorstellungen lebendig erhalten.

Die Ideenwelt Fritz Schumachers entstammt einem sehr originellen und schöpferischen Geist. Sie sind im allgemeinen radikal, verlangen grundlegende Änderungen überkommener Denk- und Verhaltensweisen und sprechen zahllose Menschen unterschiedlicher Altersstufen, Gesellschaftsklassen, Rassen und politischer sowie religiöser Überzeugungen an. Allerdings meine ich, daß sie darüber hinaus noch eine selten zu findende Eigenschaft haben: Sie lassen sich nicht nur in die Praxis umsetzen, sondern rufen geradezu zum Handeln auf.

Das deutlichste Beispiel dafür ist Schumachers Vorstellung von der Mittleren Technik. Die kritische Rolle, die technische Verfahren bei der Wirtschaftsentwicklung spielen, stellte er erstmals in einem Bericht heraus, den er 1962 für die indische Regierung verfaßte. Drei Jahre später halfen einige von uns ihm dabei, in London die Intermediate Technology Development Group ins Leben zu rufen, mit deren Hilfe dem Gedanken die Tat folgen sollte. Wir wollten solche technischen Verfahren entwickeln und vermitteln, die den Bedürfnissen armer Menschen in einer armen Umgebung angepaßt und für sie erschwinglich waren. Werkzeuge und Ausrüstungsgegenstände, bei deren Konstruktion vergleichsweise überschaubare Größe, Einfachheit, geringer Kapitalbedarf und Umweltfreundlichkeit Vorrang hatten. Inzwischen sind mehr als zwanzig ähnliche Gruppen in ebenso vielen Ländern tätig, und auch UN-Behörden, Regierungsstellen und freiwillige Hilfsorganisationen auf der ganzen Welt haben dieses Konzept aufgegriffen, das heute als ebenso bedeutungsvoll für die reichen Länder wie für die armen angesehen wird.

Beim Rückblick auf über zwanzig Jahre der Arbeit mit und Freundschaft zu Fritz Schumacher fällt mir auf, mit welcher Folgerichtigkeit sein Wirken den Lauf der Dinge verändert hat. Als Mittdreißiger war er in England landwirtschaftlicher Gehilfe und entwarf den Plan zu einem neuen internationalen Verrechnungssystem für Devisenzahlungen, das Lord Keynes sogleich als offiziellen Regierungsvorschlag des Vereinigten Königreichs übernahm. Wenige Jahre später war er der Hauptautor des berühmten Beveridge-Berichts zur Vollbeschäftigung. Als Wirtschaftsberater der britischen Kohleindustrie in den fünfziger und sechziger Jahren verwandelte er sich in ein beharrliches – und in den Augen amtlicher Stellen oft äußerst unbeliebtes – Ein-Mann-Frühwarnsystem vor den Gefahren zu großer Abhängigkeit vom Öl und den noch größeren Gefahren, die von der Atomkraft drohen. Zu jener Zeit wurde er Präsident der Soil Association (Gesellschaft für organisch-biologischen Anbau), Aufsichtsratsmitglied im Scott Bader Commonwealth, einem Unternehmen, an dessen Besitz die Belegschaft beteiligt ist und das auf diesem Gebiet in Großbritannien Pionierarbeit geleistet hat, und Vorsitzender der Intermediate Technology Development Group.

Als die Gruppe erst einmal bestand und zu arbeiten angefangen hatte, fuhr Schumacher damit fort, den Einfluß, den herkömmliche technische Verfahren und die sie tragenden Strukturen auf Menschen, die lebende Natur und nichterneuerbare Rohstoffe ausüben, zu untersuchen. In der *Rückkehr zum menschlichen Maß* führte er einen entschiedenen Angriff gegen die herkömmliche Wirtschaftstheorie und die herkömmliche Technik sowie das Wertesystem, das beide stützt. Aber dabei blieb er nicht stehen. In seinem Buch *Rat für die Ratlosen* wies er zugleich einen Weg zum sinnerfüllten Leben. Darin bietet er dem Menschen einen philosophischen Rahmen, leitet er zu den moralischen und ethischen Werten hin, auf denen *Die Rückkehr zum menschlichen Maß* gründet.

Das hier vorliegende Werk, *Das Ende unserer Epoche*, faßt in der Hauptsache eine Reihe von Vorträgen zusammen, die er Mitte der siebziger Jahre in den Vereinigten Staaten gehalten hat. Im Verlauf seiner Vortragsreise, deren Höhepunkt ein Zusammentreffen mit Präsident Carter im Weißen Haus war, hörten ihn etwa sechzigtausend Menschen. Drei Kapitel gehen auf früher von ihm verfaßte Aufsätze zurück, sie wurden aufgenommen, weil sie Wesentliches zum hier behandelten Gegenstand beitragen, der Frage nach sinnvoller Arbeit und richtigem Tun.

In mancherlei Hinsicht spiegelt der Ausgangspunkt dieser Frage die beiden früheren Bücher wider oder, besser, erweitert das in ihnen Gesagte. Unser Arbeitssystem gründet auf unserem Wertsystem, genauer gesagt, auf unserer Ansicht vom einzelnen und seinen Beziehungen zu anderen. Man kann sich das verdeutlichen, indem man einem der heute gängigen pseudointellektuellen Klischees auf den Grund geht, demzufolge Arbeit Relikt der protestantischen Ethik ist und ein aufgeklärter Standpunkt vom Grundsatz ausgeht: «Wer Arbeit kennt und sich nicht drückt, der ist verrückt.» Diese zynische und entwürdigende Ansicht von der Menschennatur wird gewiß von keiner mir bekannten Religion gebilligt, denn sie geht von der Voraussetzung aus, Geld sei die ausschließliche Triebfeder des arbeitenden Menschen. Man vergleiche diese Ansicht mit Schumachers einführenden Betrachtungen in diesem Buch, in denen er drei Zwecke menschlicher Arbeit nennt: Sie soll notwendige und nützliche Güter und Dienstleistungen hervorbringen, uns in den Stand setzen, unsere Fähigkeiten und Fertigkeiten zu nutzen und zu vervollkommnen, und sie soll es uns ermöglichen, anderen zu dienen, mit anderen zusammen zu arbeiten, um uns «von unserer angeborenen Selbstbezogenheit befreien» zu können.

Niemand muß, um dies Buch gern zu lesen, die in ihm vorgetragene Deutung dessen billigen, worum es bei der Arbeit geht, was Menschen tun sollen und was der Sinn ihres Lebens ist. Doch wird es wohl mit größerem Gewinn lesen, wer selbst in die hier gewiesene Richtung neigt, denn *Das Ende unserer Epoche* untersucht die politischen, unternehmerischen, gesellschaftlichen und wirtschaftlichen Folgerungen, die sich aus der herkömmlichen Technik (und damit aus den herkömmlichen Werten) ergeben, ebenso wie die bereits erkennnbaren Alternativlösungen zu ihnen. Sie stützen auf die eine oder andere Weise die drei von Schumacher herausgestellten Zwecke menschlichen Tuns, menschlicher Arbeit. Durch das ganze Buch hin schöpft er aus dem reichen Schatz persönlicher Erfahrung mit Lösungen, die vom gewohnten Weg abweichen: sei es auf dem Gebiet der Unternehmensführung, des Eigentums oder der Technik. Gesammelt hat er sie bei seiner Arbeit in der britischen Kohlebehörde, mit der Intermediate Technology Development Group, bei Scott Bader, mit der Soil Association sowie bei seinem Wirken in Indien, Sambia und anderen Entwicklungsländern.

Insgesamt gesehen, rundet *Das Ende unserer Epoche* Schumachers Aussage ab und erläutert sie erneut, daß nämlich die Wahl der technischen Mittel eine der schwerwiegendsten Entscheidungen bedeutet, der sich gegenwärtig alle Länder gegenübersehen, gleich ob reich oder arm. Die armen Länder müssen technische Verfahren finden, die auf ihre Bedürfnisse und Möglichkeiten zugeschnitten sind – das heißt Mittlere Technik –, wenn Millionen Landbewohner eine Gelegenheit haben sollen, sich am eigenen Zopf aus dem Sumpf der Armut zu ziehen. Doch vermutlich brennt den reichen Ländern die Notwendigkeit einer neuen Technik, einer kleineren, weniger kapital- und rohstoffhungrigen und weniger umweltfeindlichen Technik, noch mehr auf den Nägeln. Die Bewohner armer Länder brauchen Hilfe, damit sie sich zu einem menschenwürdigen Lebensstandard hinaufarbeiten können. Wir aber müssen ebenfalls auf einen bescheideneren, gewaltlosen Lebensstil hinarbeiten, der auf die Dauer praktikabel ist. Hier liegt sicherlich der Weg zu größerer Gleichheit zwischen den Völkern und innerhalb ihrer.

Die hier zusammengefaßten Vorträge Schumachers wurden nur äußerst behutsam redigiert. Wir haben der Versuchung widerstanden, aus ihnen formvollendete Essays zu machen – und ich bin gewiß, daß die sechzigtausend Menschen, die Schumacher gehört haben, darüber froh sind. So haben wir erfreulicherweise einen unverfälschten und lebendigen Fritz Schumacher, der des öfteren laut denkt und die Kraft auf eine der sicherlich wichtigsten Aufgaben richtet, der sich gegenwärtig reiche und arme Länder gleichermaßen gegenübersehen: Wie können wir schöpferische Arbeit leisten, eine Arbeit, die uns befriedigt, uns einen angemessenen Lebensunterhalt gewährt und ein menschenwürdiges Dasein ermöglicht? Außerdem muß eine Lösung des Problems gefunden werden, wie wir die Erde in einen Zustand versetzen können, bei dem der Existenz und Entfaltung von allerlei Formen des Lebens mindestens ebensolche Möglichkeiten geboten werden, wie wir sie vorgefunden haben.

George McRobie

Einleitung

Ein kürzlich in der Londoner *Times* erschienener Artikel beginnt mit folgenden Worten: «Als Dante seine Visionen von der Hölle verfaßte, hätte er ebensogut auch gleich die Langeweile sich stets wiederholender geistloser Fließbandarbeit darin aufnehmen können. Sie zerstört jegliche Initiative und läßt den Menschen verkümmern. Und doch sind Millionen britischer Arbeiter ihr den größten Teil des Lebens hindurch ausgeliefert.» Bemerkenswert ist, daß diese Aussage, wie zahllose ähnliche zuvor, keine Aufmerksamkeit erregte: Weder gab es scharfen Widerspruch noch besorgte Zustimmung – es kam überhaupt keine Reaktion. Niemand erhob den Vorwurf, mit diesen entschiedenen und schrecklichen Worten – «Visionen der Hölle», «Zerstörung von Initiative», «Verkümmern des Menschen» und so weiter – stelle man die Dinge verzerrt oder übertrieben dar. Auch sagte niemand, es handele sich dabei um unverantwortliche oder hysterische Übertreibungen oder umstürzlerische Propaganda; nein, man las das, seufzte vermutlich, nickte zustimmend, und alles ging seinen gewohnten Gang. Nicht einmal Ökologen, Umweltschützer und Untergangspropheten rührt dergleichen. Hätte jemand gesagt, das Tun des Menschen behindere die freie Entfaltung und beeinträchtige die Intelligenz von Millionen von Seevögeln, Seehunden oder von Tieren, die in freier Wildbahn in afrikanischen Reservaten leben – eine solche Behauptung wäre entweder entschieden zurückgewiesen oder als ernsthafte Herausforderung aufgegriffen worden. Hätte jemand behauptet, Millionen britischer Arbeiter würden nicht an Seele oder Geist, sondern physisch zerstört, wäre dieser Aussage ebenfalls beträchtliche Anteilnahme sicher gewesen. Immerhin gibt es Sicherheitsbestimmungen und -einrichtungen am Arbeitsplatz, behördliche Kontrollen, die Möglichkeit von Schadenersatzforderungen und so weiter. Keine Geschäftsleitung ist sich im unklaren darüber, daß sie Unfälle verhüten und Zustände verhindern muß, die den Arbeitnehmer gesundheitlich schädigen könnten. Geist und Seele des Arbeiters jedoch sind offenbar etwas anderes als seine körperliche Unversehrtheit.

Ein von der britischen Regierung auf der Stockholmer Konferenz vorgelegter halbamtlicher Bericht neueren Datums trägt den Titel: «Natürliche Rohstoffreserven: Mittel zum Überleben.» Die wichtigsten aller Reserven sind sicherlich Tatkraft, Einfallsreichtum und geistige Fähigkeiten des Menschen. Wir alle wissen das und sind bereit, beachtliche Beträge für das aufzuwenden, was wir Erziehung nennen. Wenn es sich also ums «Überleben» handelt, kann man wohl erwarten, daß es über die Erhaltung und, wenn möglich, auch die Weiterentwicklung dieser wertvollsten aller Reserven, der menschlichen Geisteskraft, zu einer Auseinandersetzung kommt. Doch solche Erwartungen werden nicht erfüllt. «Mittel zum Überleben» bezieht alle materiellen Faktoren ein – Mineralien, Energie, Wasser und so weiter – aber in keiner Weise immaterielle und allem Anschein nach als unwichtig angesehene Reserven wie Initiative, Einfallsreichtum und sonstige Fähigkeiten des menschlichen Bewußtseins.

Bedenkt man, eine wie zentrale Rolle die Arbeit im Leben des Menschen spielt, sollte man erwarten, daß jedes Lehrbuch der Wirtschaftswissenschaft, Soziologie, Politik und ähnlicher Gebiete als unabdingbare Grundlage aller weiterführenden Überlegungen eine Theorie der Arbeit enthält. Immerhin bindet die tägliche Arbeit den größten Teil unserer Energien. Daher ist, will man einen Menschen verstehen, was er *tut*, wichtiger als was er sagt, wofür er sein Geld ausgibt, was ihm gehört oder wie er wählt. Die Arbeit des Menschen ist ohne Zweifel einer der wichtigsten charakter- und persönlichkeitsprägenden Einflüsse. Dennoch suchen wir in solchen Büchern vergeblich nach einer Theorie der Arbeit. Die Frage, *was die Arbeit den Arbeitenden antut*, wird kaum je gestellt – ganz zu schweigen von der, ob nicht die wirkliche Aufgabe darin läge, Arbeit den Bedürfnissen des Menschen anzupassen, statt von ihm zu verlangen, daß er sich ihren Zwängen unterwirft – und das heißt natürlich in erster Linie: den Bedürfnissen von Maschinen.

Fragen wir also: Wie verhält sich Arbeit zum Zweck und Ziel des menschlichen Daseins? In allen maßgeblichen Lehren der Menschheit wird anerkannt, daß jeder in diese Welt hineingeborene Mensch nicht nur arbeiten muß, um sich am Leben zu erhalten, sondern auch, um Vollkommenheit zu erstreben. Zum Lebensunterhalt braucht der Mensch verschiedene Güter und Dienstleistungen, die ohne menschliche Arbeit nicht zur Verfügung stehen würden. Zu seiner Vervollkommnung braucht er eine sinnvolle Tätigkeit getreu der Mahnung: «Und dienet einander, ein jeglicher mit der Gabe, die er empfangen hat, als die guten Haushalter der mancherlei Gnade Gottes» (1. Petrus 4, 10). Daraus können wir die drei nachstehenden Aufgaben menschlicher Arbeit ableiten:

Erstens muß die Gesellschaft mit notwendigen und nützlichen Gütern und Dienstleistungen versorgt werden.

Zweitens muß jeder von uns in den Stand versetzt werden, seine Gaben als guter Haushalter zu nutzen und zu vervollkommnen,

und zwar drittens im Dienst am Mitmenschen und gemeinsam mit anderen, so daß wir uns von unserer angeborenen Selbstbezogenheit befreien.

Diese dreifache Aufgabe weist der Arbeit einen so zentralen Platz im Leben des Menschen zu, daß es wahrhaft unmöglich ist, sich menschliches Leben ohne sie vorzustellen. «Ohne Arbeit verkümmert alles Leben», sagt Albert Camus, «seelenlose Arbeit aber unterdrückt und vernichtet es.»

I
Das Ende unserer Epoche

«Wir alle sind Opfer einer Gehirnwäsche, die aus dem neunzehnten Jahrhundert stammt, als offenbar die technische Unreife so groß war, daß man sagen konnte ‹Je größer, desto besser›: Nur im großen Maßstab können auf Wachstum angelegte Wirtschaftssysteme gedeihen. Dabei ging es aber um eine sehr wenig entwickelte Technik. Das ist jetzt nicht mehr an dem. Heute verfügen wir über hinreichende technische und wissenschaftliche Kenntnisse, um die Dinge wieder klein machen zu können.»

Man kann unheimlich viel Luft in einen Ballon pumpen. Je mehr man ihn aufpumpt, desto größer und imposanter wird er.

Mit Stolz und Befriedigung können die Historiker vermerken, wann die erste wirksame Pumpe erfunden wurde, und dieser Feststellung dann die Daten der Erfindung immer noch effizienterer Pumpen und dieser großartigen neuen Chemikalien hinzufügen, die es ermöglichten, die Ballonhülle immer stärker zu dehnen. Auch läßt sich festhalten, wann der Ballon eine bestimmte Größe erreicht hatte, wann das Doppelte davon, wie die ‹Verdoppelungszeiten› sich immer mehr verkürzten, und so fort.

All diese Angaben sind sicherlich wichtig und aufschlußreich. Kein Datum aber ist so wichtig und so aufschlußreich wie der Zeitpunkt, als die Ballonhülle ein Loch bekam – vielleicht war es zu Anfang ein sehr kleines – und wie die Luft zu entweichen begann.

Dieser Zeitpunkt war der 6. Oktober 1973.

Nichts wird je wieder so sein, wie es bis dahin war.

Als ich vor einigen Tagen in England mit dem Zug fuhr, saßen in meinem Abteil drei Herren, die hitzig miteinander debattierten. Ich konnte nicht umhin zu hören, was sie sagten, und entnahm der Unterhaltung, daß der eine von ihnen Chirurg, der andere Architekt und der dritte Ökonom war. Sie stritten darüber, wessen Beruf der älteste war. Nach einer völlig ergebnislosen Debatte sagte schließlich der Chirurg: «Wir wollen uns nichts vormachen, es war doch zweifellos so: Wenn Sie die Schöpfungsgeschichte gelesen haben, werden Sie wissen, daß Gott der Herr Adam eine Rippe entnahm und daraus Eva machte. Das war ein chirurgischer Eingriff.»

Doch unbeirrt meinte der Architekt: «Na gut, aber lange davor hatte er das All aus dem Chaos geschaffen: Das war die Arbeit eines Architekten.»

Der Wirtschaftswissenschaftler sagte bloß: «Und was meinen Sie, wer das Chaos geschaffen hatte?»

Unser Thema muß in diesem Licht gesehen werden, vor allem nach jenem 6. Oktober 1973, der ein einzigartiges Datum in der Geschichte der westlichen Welt, eine Art historische Wasserscheide ist. Der Leser wird sich erinnern, daß an jenem Tag der vierte israelisch-arabische Krieg ausbrach. Beschäftigen wir uns damit, nicht mit der Geschichte jenes Krieges, der lediglich als Auslöser wirkte, sondern mit dem Hintergrund des gesamten Geschehens.

Soweit ich nach dem Zweiten Weltkrieg beobachten konnte, fehlte es, vor allem in Europa, allenthalben an Brennmaterial, und alle Welt rief nach mehr Kohle. In der Mitte der fünfziger Jahre setzte die OECD, die Organisation der reichen Länder, eine Energiekommission ein, die einen Bericht zu dem Energiebedarf Europas vorlegte. Darin hieß es, man möge um Himmels willen behutsam vorgehen, alle denkbaren Maßnahmen zum möglichst wirksamen Einsatz von Brennstoffen nutzen und Europas wichtigste Energiequelle, die Kohle, dabei nicht vernachlässigen. (Es standen darin auch einige von Unwissenheit zeugende Anmerkungen über die Atomenergie, als könne das Heil von daher kommen.) Dieser Bericht wurde allgemein als realistisch und den Tatsachen entsprechend angesehen. Bei uns in Großbritannien richtete man daraufhin eine nationale Behörde ein, den National Industrial Fuel Efficiency Service. Er hatte die Aufgabe, die gesamte Industrie auf Energieeinsparmöglichkeiten hin zu überprüfen.

Dann kam die erste Krise um den Suezkanal – ein Schock für alle öleinführenden Länder. Zu ihnen gehörten auch die Vereinigten Staaten, der größte Ölproduzent, zugleich aber auch der mit Abstand größte Ölverbraucher. Damals war Eisenhower, ein ehemaliger General, Präsident der Vereinigten Staaten, und er warf zum erstenmal die Frage auf, warum die Vereinigten Staaten so abhängig vom Öl aus dem Mittleren Osten geworden waren. Nun, das war ganz einfach. Zwar besaß Amerika äußerst reiche Ölvorkommen, hatte sie aber hundert Jahre lang ausgebeutet und mußte jetzt immer tiefer bohren, um noch mehr Öl zu finden. Die Länder des Mittleren Ostens hingegen waren als Ölförderländer vergleichsweise neu im Geschäft, so daß praktisch aus jedem Bohrloch Öl sprudelte. So kam es, daß Öl aus dem Mittleren Osten weit billiger war als das aus den Vereinigten Staaten, und so floß immer mehr Mittelost-Öl nach Amerika. Auch die großen Ölgesellschaften hatten sich darauf eingestellt, daß der Ölstrom von Osten nach Westen floß.

Doch Eisenhower sah sich die Lage an und meinte, daß das so nicht weitergehen könne. Ich gebe so viele

Milliarden für Rüstung aus, sagte er sich, und von dieser ganzen technischen Ausrüstung funktioniert nichts ohne Öl. Wir machen uns ja vom Öl aus dem Mittleren Osten abhängig, der immerhin ganz in der Nähe der Sowjetunion liegt. Der russische Bär kann diese Länder mit einem Prankenhieb von der Karte wischen, und was geschieht dann? Also verordnete Eisenhower eine Einfuhrüberwachung. Die Vereinigten Staaten sind ja stets für den Freihandel gewesen, außer wenn er ihnen nicht ins Konzept paßte. In diesem Fall paßte er Amerika nicht ins Konzept, und so kam es zu einer Einfuhrüberwachung, die dafür sorgen sollte, daß 88 Prozent des gesamten amerikanischen Ölbedarfs aus einheimischen Quellen gedeckt und nur 12 Prozent eingeführt wurden, und das hauptsächlich aus Ländern der westlichen Hemisphäre, also aus Nord- und Südamerika.

Die Ölgesellschaften, die sich auf einen immer großzügiger fließenden Ölstrom zum größten Markt der Welt, nämlich dem der Vereinigten Staaten, eingestellt hatten, merkten nun, daß dort ein Riegel vorgeschoben worden war. Sie leiteten das Öl nach Europa um, dem zweitgrößten Markt. Hier kam es zu einem mörderischen Kampf des Öls gegen die Kohle. Zugleich führten die einzelnen Ölgesellschaften untereinander einen Bruderkrieg bis aufs Messer um möglichst große Marktanteile. Ein tüchtiger Geschäftsmann will ja nicht nur möglichst viel verkaufen, sondern vor allem einen möglichst großen Marktanteil haben. Dieser mörderische Wettbewerb, dieser Kampf der Ölgesellschaften gegen die Kohle und untereinander, veranlaßte sie, ihre Preise zu senken, so daß sie den europäischen Markt lange Zeit mit Verlust belieferten, einfach nur deshalb, um ihn in die Hand zu bekommen. Sind aber Zechen erst einmal geschlossen, kann man sie nicht wieder öffnen – jedenfalls nicht solche, bei denen die Kohle in großer Tiefe liegt.

Zu denen, die darunter zu leiden hatten, gehörten die ölexportierenden Länder, da der Preis immer mehr gedrückt wurde. Als die Ölgesellschaften sie nun erneut zu einer Senkung des Abgabepreises zwangen, sagten diese: Jetzt reicht's, wir müssen uns gegen solche Praktiken schützen. Das war 1960, im Gründungsjahr der OPEC. Alle Welt sagte, ach was, das sind doch alles Araber, die können sich sowieso nicht einigen, das ist nur ein Versuch zur Kartellbildung, bei dem nichts herauskommt. Das war auch einige Jahre lang der Fall, weil solche Dinge sich erst entwickeln müssen, und das kostet Zeit. Aber diese Länder holten sich entsprechende Fachleute – immerhin hatten sie dazu reichlich Geld – und um die Mitte der sechziger Jahre verstanden sie ihr Geschäft.

Zuvor hatten die ölexportierenden Länder selbst mit der Abwicklung der Geschäfte nichts zu tun gehabt, weil die Ölgesellschaften sich darum kümmerten. Sie verfügten über unbegrenzte Finanzmittel und konnten sich die entsprechenden Fachleute zusammenholen. Jetzt aber holte sich die OPEC diese Leute, und ein paar Jahre später, so um 1965 begriffen die ölexportierenden Länder, daß Öl nicht vom Menschen gemacht, sondern lediglich gefunden und gefördert wird. Es handelt sich dabei um eine Art Speisekammer, in die man hineingeht, um sie zu plündern. Sind die Vorräte aufgebraucht, ist die Speisekammer leer. Anders ist es bei der Weizenproduktion, bei der man Jahr für Jahr eine neue Ernte einbringen kann. Und vorausgesetzt, daß die Anbauverfahren nicht gänzlich ungeeignet sind, kann das noch viele Jahre lang so weitergehen. Weizen ist kein erschöpfbares ›Kapital‹, Öl hingegen wird wie Kohle aus dem Erdboden gewonnen, es ist ein erschöpfbarer Rohstoff. Das also begriffen die ölerzeugenden Länder und sagten, nachdem sie sich die Bedarfsplanungen Europas, Japans und der Vereinigten Staaten angesehen hatten, das ist ja Raubbau! Das geht noch zwanzig oder dreißig Jahre gut, und was dann? Daher wurden sie langsam unruhig. Einige von ihnen verstanden besser als andere, worum es ging. Damals war der Schah von Persien am meisten von allen auf eine Steigerung der Erdölförderung erpicht: Offenbar konnte er nicht weiter als bis zur Nasenspitze sehen und verfuhr nur nach der Maxime, je mehr Öl ich produziere, desto mehr Geld bekomme ich.

In anderen Ländern begann man sich jedoch immer größere Sorgen um die Rohstoffquellen zu machen, und dann kam das Jahr 1969. In Libyen gab es einen Regierungswechsel. Oberst Gaddafi schickte den König in die Wüste und ernannte sich im reifen Alter von achtundzwanzig Jahren zum Staatsoberhaupt. Er fragte seine Berater: Wie lange wird dieser Ölboom dauern? Und wie lautete die Antwort? Nun, wir können uns bei Voraussagen lediglich auf nachgewiesene Vorräte sützen, der Himmel weiß, wieviel man noch finden wird, jedenfalls ist das reine Spekulation. Wenn Sie aber wissen wollen, wie lange diese nachgewiesenen Reserven vorhalten werden – bei der gegenwärtigen Steigerungsrate wären sie nach acht Jahren erschöpft. Wenn man die Förderung aber auf ein Fixum begrenzt und nicht weiter steigert, können sie noch zwanzig Jahre reichen.

Zweifellos sagte sich der achtundzwanzigjährige

Oberst Gaddafi: Achtundzwanzig plus zwanzig . . . und dann? Nichts als Sand und Kamele – kommt nicht in Frage. Ich will mindestens sechzig Jahre vor mir haben.

Er sprach mit den Ölgesellschaften und forderte sie auf, die Förderung nicht zu steigern, sondern, wenn auch nur geringfügig, zu drosseln. Man nahm ihn sehr ungnädig auf, und als er sah, daß mit ihnen nicht zu reden war, verstaatlichte er sie, um sie in Zukunft selbst kontrollieren zu können. Die unmittelbare Auswirkung davon, daß 1970 *ein* Land die Rohölförderung *geringfügig* herabsetzte, war auf dem Weltmarkt für Rohöl eine Preissteigerung von *fünfzig Prozent*.

Das war allen Beteiligten eine Lehre, die sie nie wieder vergessen werden: Wenn es um Öl geht, wird man um so reicher, je weniger man produziert. Denn Öl ist ein nicht erneuerbares, nicht ersetzbares Kapital von begrenzter Verfügbarkeit. Die Nachfrage nach diesem Rohstoff ist nahezu vollständig unelastisch – nachdem die Ölpreise um zwanzig Prozent gestiegen waren, wurde genausoviel Auto gefahren wie zuvor, und der Straßenverkehr ist beim Ölverbrauch lediglich die Spitze des Eisberges. Oberst Gaddafi war zum meistgehaßten Mann der Welt geworden, und die anderen Araber und Ölproduzenten wollten nicht in seine Lage kommen. Sie hatten den Eindruck, daß die ölimportierenden Länder eine gefährliche Sippschaft, der Gewaltanwendung nicht abhold, und sie selbst recht unbedeutend seien. Sie wußten nicht, was sie tun sollten. Sie machten sich immer größere Sorgen um ihre Reserven und waren beunruhigt darüber, daß nach bestimmten Annahmen alle ölausführenden Länder gemeinsam noch siebzehn Jahre lang würden Öl liefern können, nach günstigeren Annahmen zwanzig bis fünfundzwanzig Jahre – eine unerhebliche Differenz. Im Leben eines Volkes sind das doch nur Minuten.

Was kann man tun? Niemand wollte dem Oberst Gaddafi nacheifern, niemand wollte vorpreschen, man mußte behutsam vorgehen. Sie schickten den Generalsekretär der OPEC in alle Öleinfuhrländer. Er hielt dort Vorträge, aus denen hervorging, daß sie unbedingt ihre Anforderungen herabschrauben müßten. Denn was sollte sonst, bei diesem Raubbau, aus den ölerzeugenden Ländern werden? Vielleicht träumten ja die Öleinfuhrländer von der Energieunabhängigkeit oder hofften, die Atombombe werde ihnen aus der Patsche helfen, oder man würde mehr Öl in Alaska, der Nordsee oder unter dem Eis des Nordpols finden. Doch um an dieses Öl herankommen zu können und die erforderlichen Pipelines zu bauen, würden sie alles Öl verbrauchen, das die Ölförderländer erzeugen konnten. Sicher, sie zahlten dafür – aber was nützte das? Wenn jemand verblutet – schiebt es dann den Zeitpunkt des Sterbens hinaus, daß man ihn dafür bezahlt? Also stellte der Generalsekretär die Frage: Und was soll aus *uns* werden? Jede seiner Reden endete mit den Worten: «Wir müssen für 250 Millionen Menschen sorgen – was soll aus ihnen werden? Sie leben ausschließlich vom Öl, und fünfundzwanzig Jahre genügen uns nicht, eine andere Lebensgrundlage zu finden. Also schränken Sie bitte Ihren Ölbedarf ein . . .»

Selbstverständlich hörte niemand auf ihn. Dann kam der 6. Oktober 1973, als zur Bestürzung Washingtons der größte Freund der Vereinigten Staaten, König Faisal, der zuverlässige, ehrenwerte Herr, sagte: Wir werden jetzt das Öl als politische Waffe gegen Israel einsetzen. Solange dieser Krieg dauert, werden wir die Ölförderung um fünf Prozent monatlich – oder sagte er zehn? – drosseln. In den Öleinfuhrländern brach Panik aus. Bei Versteigerungen auf den internationalen Ölmärkten ging der Preis immer höher, und nach Verlauf weniger Wochen hatte er das Vierfache seiner früheren Höhe erreicht – und dabei war die fünfzigprozentige Preiserhöhung des Jahres 1970 bereits eingerechnet. Als er diesen Stand erreicht hatte, sagten die ölexportierenden Länder, jetzt sehen wir zum erstenmal, was unser Erzeugnis tatsächlich wert ist und was die Einfuhrländer dafür zu zahlen bereit sind. Wir wollen das als den amtlichen Preis festschreiben. Und Öl als politische Waffe? Ach was. Ihr könnt soviel davon haben, wie ihr wollt, jedenfalls zu diesem Preis . . .

Gegen Ende der sechziger Jahre machten die Vereinigten Staaten einige Voraussagen über ihren Einfuhrbedarf an Öl. Sie sind zwar nach wie vor der größte Ölproduzent, aber ihre Förderung pendelte sich 1970/71 auf einen bestimmten Wert ein. Sie haben inzwischen ihre Fördergrenze erreicht und müssen die Produktion einschränken. Dennoch geht man davon aus, daß ihr Ölverbrauch weiterhin steigen wird. Das aber wird zu einer immer weiter auseinanderklaffenden Versorgungslücke führen. Vor etwa fünf Jahren hörte man nun aus Washington, die Vereinigten Staaten wollten 1985 im Mittleren Osten und in Nordafrika soviel Öl kaufen, wie diese Gebiete zuvor insgesamt erzeugt hatten. Es muß nicht eigens betont werden, daß diese Erklärung Japan und Westeuropa betroffen machte. Wenn Amerika alles Öl aufkauft . . . nein, das geht nicht, die Araber müssen einfach die Ölförderung verdoppeln, vor allem der gute Freund Saudi-Arabien.

Also schickte König Faisal seinen Ölminister Yamani in die Vereinigten Staaten, damit er dort erklärte, nun ja, wir können unsere Förderung ausweiten – man dachte dort nicht besonders intensiv über Ölreserven nach –, aber wie wollt ihr dafür bezahlen? Und man sagte ihm, ihr könnt ja euer Kapital anlegen und euch in die amerikanische Industrie einkaufen. Vielleicht erinnern Sie sich, daß die Zeitschrift *Time* vor einigen Jahren einen Artikel über das Jahr 1985 brachte, in dem beschrieben wurde, wie die arabischen Herrscher als Hauptaktionäre von General Motors in Detroit einzogen und an anderen Orten als Hauptaktionäre der IBM und der CBS: ein buntes Zukunftsgemälde, das damals Herrn Yamani zu entzücken schien. Doch als er zu seinem König zurückkehrte und sagte, es ist phantastisch, wir werden die größten Kapitaleigner, die es je gegeben hat, denn uns werden große Teile der amerikanischen Industrie gehören, sagte König Faisal, das kommt nicht in Frage. Wir Araber wissen, wie leicht es ist, verhaßtes Auslandskapital zu enteignen, dazu genügt ein Federzug des amerikanischen Kongresses. Und was dann? Wir haben dann kein Öl mehr, und was können wir tun, etwa ein Kanonenboot nach Amerika schicken? Nein, nein . . . Die einzige sichere Investition ist es, das Öl so lange im Boden zu lassen, bis man das Geld braucht, dann kann man es fördern und verkaufen.

Heute wissen wir, daß sie zu langfristigen Investitionen nicht bereit waren. Immerhin wußten sie aus eigener Erfahrung, wie leicht es ist, selbst die Mächtigen zu enteignen, und außer beim Öl sind sie selbst machtlos. Der 6. Oktober 1973 hat also alles ausgelöst, und meiner eigenen Voraussage nach – allerdings sind diese Dinge sehr schwierig zu beurteilen – wird sich in den nächsten zehn Jahren, vielleicht sogar sehr viel früher, die Förderung immer mehr vermindern, vielleicht auf die Hälfte des vorherigen Standes. Zwar kann man bei solchen Dingen nie ganz sicher sein, was die Zukunft bringen wird, aber die Logik der *Tatsachen* legt diesen Schluß nahe. Daß wir diese Entwicklung noch gar nicht spüren, liegt daran, daß bestimmte Konten noch aufgefüllt werden, aber insgesamt *platzt* das internationale Bankensystem vor sogenanntem ‹heißem Geld›, Geld, das noch keine feste Bleibe gefunden hat und wild hierhin und dorthin geschickt wird. Sobald Zweifel am Wert des Dollars aufkommen, eilt er von New York nach Frankfurt, und sobald sich dort ein Zweifel regt, geht er nach Tokio weiter. Dann gibt es Schwierigkeiten in Japan, und das Geld landet in Zürich, und so weiter . . . Natürlich ist das Bankwesen dem auf die Dauer nicht gewachsen.

Alle Versuche, das Geld auszugeben, sind vergeblich. Selbst so hochfliegende Investitionspläne wie beispielsweise der Bau einer Untergrundbahn in Teheran brauchen zu ihrer Verwirklichung viele Jahre, so daß die jährlichen Ausgaben immer nur sehr begrenzt sein können. Es ist einfach nicht möglich, diese Gelder auszugeben, man kann sie auch nicht so anlegen, daß sie wie gegenwärtig kurzfristig gebunden sind. Die ölexportierenden Länder sind nicht bereit, das Risiko langfristiger Anlagen mit nachfolgender Enteignung auf sich zu nehmen. Also drosseln sie die Produktion. Das aber bedeutet, daß die äußerst kurze Zeit in der Geschichte, während der billiges Öl reichlich zur Verfügung stand, jetzt vorbei ist – und zu jener kurzen Periode gehört durchaus auch noch die Spanne, in der die Ölpreise versechsfacht wurden.

Die Dinge ändern sich nicht von einem Tag auf den anderen, aber der Wendepunkt ist überschritten. Ab sofort müssen wir uns darauf einrichten, daß wir nur wenig Öl zur Verfügung haben, und das wird teuer sein. Wer dieser Schlußfolgerung zustimmt, muß sich fragen: Was ist während dieser einzigartigen und sehr kurzen Epoche in der Weltgeschichte die Folge der reichlichen Verfügbarkeit von billigem Öl gewesen? Wie hat sich das auf unser Wirtschaftsleben ausgewirkt? Alles, was sich als unmittelbares Ergebnis davon entwickelt hat, daß Öl billig war und reichlich zur Verfügung stand, läuft jetzt Gefahr, zusammenzubrechen oder zu verschwinden, wenn ihm jetzt nach und nach diese wirtschaftliche Grundlage entzogen wird.

Was aber ist überhaupt durch billiges und reichlich verfügbares Öl oder, noch allgemeiner gesagt, durch billige und reichlich zur Verfügung stehende fossile Brennstoffe bewirkt worden? Da haben wir die moderne Landwirtschaft, die weitgehend auf Öl basiert. Wir essen – physiologisch gesehen – eine Vielzahl von Nahrungsmitteln: Wirtschaftlich gesehen, essen wir hauptsächlich Öl. (Meist schmeckt es inzwischen auch so . . .) Das war früher selbstverständlich nicht der Fall. Wir hatten eine Landwirtschaft, in der die Kleinlebewesen im Boden die Arbeit verrichteten, die jetzt das Öl erledigt, und es gab biologische oder organische Anbauverfahren mit einer vernünftigen Wiederverwendung, Mehrfelderwirtschaft und so weiter. Das war die Grundlage für die Existenz des Menschen und ist es auch noch in den meisten Gebieten der Welt. Da die Wissenschaft sich aber nur sehr wenig damit beschäftigt hatte, wurden diese Verfahren nicht besonders entwickelt. Wir im Westen haben das aufgegeben, und so beruht jetzt unser System auf Chemikalien und Kunstdünger. Mithin lassen wir die Arbeit von den Arabern statt von den Mikroorganismen tun! An die Stelle erneuerbarer Mittel haben wir einen nicht erneuerbaren Rohstoff gesetzt. Die Menschen glauben, die moderne Landwirtschaft könne uns ernähren. Wenn wir das auf der Grundlage von Energie, das heißt von Öl, durchspielen, zeigt sich, daß die Landwirtschaft in weniger als dreißig Jahren alle bekannten Ölreserven aufbrauchen würde, um rund vier Milliarden Menschen nach den Verfahren der modernen Agrartechnik zu ernähren – wohlgemerkt, die Landwirtschaft ganz allein.

Offensichtlich ist unser System nicht auf der ganzen Welt anwendbar, und es eignet sich gewiß nicht für alle Zukunft: Es läßt sich nur kurzfristig nutzen. Nehmen wir zum Beispiel Phosphat. Das Hauptausfuhrland für Phosphat ist Marokko. Die Marokkaner aber sind ebenso wie die ölerzeugenden Länder plötzlich aufgewacht und haben erkannt, daß es sich hier um einen nicht erneuerbaren Rohstoff handelt. Auch ihre Phosphatvorkommen werden immer schneller abgebaut, und das Ende ist absehbar, es wird in rund dreißig Jahren kommen. Die Vereinigten Staaten haben eigene Phosphatvorkommen. Ich weiß nun nicht, ob ich richtig informiert bin, aber ich habe gehört, daß sie sich im Rahmen eines größeren Handelsabkommens verpflichtet haben, Phosphat an die Sowjetunion zu liefern. Falls das stimmt, ist uns allen nicht mehr zu helfen, denn beim Phosphat liegt einer der wirklichen Engpässe in der auf moderne Agrartechnik gründenden Landwirtschaft. Es geht also nicht nur um Öl; die ganze Problematik zeigt sich jetzt bei allen nicht erneuerbaren

Grundstoffen, außer solchen, die sich überall finden, wie zum Beispiel Sand.

Anders gesagt, wir müssen die Lage völlig neu durchdenken. Wenn wir über die Landwirtschaft nachdenken, dürfen wir nicht mehr einfach sagen: Dies System hängt zwar vom Öl ab, aber es funktioniert! Damit würden wir uns einreden, das gegenwärtige System sei in keiner Weise bedroht und wir könnten immer so weitermachen. Das aber ist nicht der Fall. Es geht überhaupt nicht um eine Entscheidung, denn wir haben *keine Wahl*. Wir müssen ein organischer arbeitendes System finden. Wir brauchen für dieses organischere System nicht einmal mehr mit ökologischen Argumenten oder im Hinblick auf den Nährwert zu streiten. Das ist völlig überflüssig. Wir sind auf ein solches System angewiesen, ob uns das recht ist oder nicht.

Eine weitere Hinterlassenschaft der kurzen Epoche billigen und reichlich fließenden Öls sind natürlich unsere Riesenstädte. Wir sagen: Nun, der Mensch braucht Städte, denn wenn man Landwirtschaft treibt, um zu überleben, kann eine Kultur nicht entstehen. Erst bei einer Art kritischer Bevölkerungsdichte ist eine gegenseitige Befruchtung möglich, kann der menschliche Geist sich entfalten. Städte mit ihrer spezifischen Kultur gibt es seit fünf- oder sechstausend Jahren, aber sie sind nie über eine bestimmte (recht geringe) Größe hinausgewachsen. Und warum ging das nicht? Weil eine Großstadt nicht von sich selbst lebt, sondern vom Lande. Eine Stadt im Binnenland lebt vom Umland, das sie versorgt. Dieser Umkreis konnte in der Vergangenheit nicht sehr groß sein, da Tiere und Menschen die einzige Transportenergie lieferten. Natürlich konnte eine am Meer gelegene Stadt sich einer zusätzlichen Transportenergie bedienen, nämlich der Windkraft. Daher wuchsen die großen Städte an den Küsten der Meere empor, wo Schiffe sie versorgen konnten. Und so kennen wir keine Stadt, die bis vor etwa hundert Jahren über eine Größe von rund zwei- oder dreihunderttausend Menschen hinauswuchs.

Dieser Versorgungsengpaß wurde überwunden, als der Mensch fossile Brennstoffe gewann: zuerst die Kohle, dann das Öl, und als er Verkehrssysteme entwickelte, die auf ihnen gründeten. Jetzt konnten Großstädte mit Waren aus aller Welt versorgt werden: Die Welt wurde sozusagen ihr Hinterland. *Eine* Grenze für das Wachstum der Städte aber gab es noch: Wenn achtzig Menschen nötig sind, um hundert zu ernähren, müssen 80 Prozent der Menschen auf dem Lande bleiben, und nur 20 Prozent können in der Stadt leben. Wird aber die Produktivität pro Arbeitskraft immens gesteigert, so daß fünf Menschen hundert zu ernähren vermögen, können 95 Prozent in Städten leben, und nur 5 Prozent brauchen auf dem Lande zu bleiben. Daher war die zweite Voraussetzung für das riesenhafte Wachstum der modernen Stadt die ungeheure Steigerung der Produktivität je Arbeitskraft, die wir in der Landwirtschaft erlebt haben.

Die Stadt selbst ist eine riesige Maschine, der man ständig und ununterbrochen Energie zuführen muß, hauptsächlich Öl, damit sie leben kann. Was soll aus diesen Städten werden? Bereits eine Vervierfachung der Brennstoffpreise macht das Leben in der Stadt mühsamer und lästiger, als es je zuvor war. Es hätte keinen Sinn, die Städte auf erneuerbare Energieformen wie Sonnenkraft, Windkraft und so weiter zu verweisen, denn man kann zwar ein Einfamilienhaus bequem mit

Sonnenenergie heizen, nicht aber Hochhäuser und Bürotürme. Nicht einmal gemeinsam wären Sonnenenergie und Windkraft imstande, die Fahrstühle zu betreiben. Und große Teile solcher Hochhäuser sind ohne Fahrstuhl unzugänglich: Man stelle sich doch einfach vor, man klettere dreißig Stockwerke empor. Das meine ich damit, daß das Leben immer mühseliger wird.

Also muß man damit rechnen, daß die Menschen die Städte verlassen und außerhalb ihrer Grenzen leben wollen. Wer kann sie aufnehmen, und in welches Wirtschaftssystem könnten sie sich dort flüchten? Zwar können sie ohne weiteres aus der Großstadt ‹aussteigen› – bei wem oder wo aber können sie wieder ‹einsteigen›?

Werfen wir einen Blick auf das Verkehrswesen. Die Art von Verkehrsmitteln, an die wir gewöhnt sind, ist natürlich nur auf der Grundlage von billigem und reichlich verfügbarem Öl denkbar. Wir sehen auf unseren Straßen allenthalben japanische Autos – offensichtlich ist ihr Transport so billig, daß man Autos von Tokio nach Wolfsburg schicken und dort sogar im Wettbewerb gegen *am Ort* hergestellte Fahrzeuge antreten lassen kann. Auch in anderen Ländern fahren japanische Autos, sie dienen hier lediglich als veranschaulichendes Beispiel. Wer auf der Autobahn fährt, sieht sich umgeben von zahlreichen Lastwagen, die beispielsweise Kekse von Flensburg nach München und von Münschen nach Flensburg befördern – über Hunderte von Kilometern. Ein Beobachter von einem anderen Planeten müßte zwangsläufig zu dem Schluß kommen, daß Kekse nur dann richtig schmecken, wenn man sie mindestens über eine Strecke von tausend Kilometern transportiert hat.

Was ist der Grund für eine solche Handlungsweise? Geschäftsleute sind nicht dumm, und unter bestimmten Voraussetzungen lohnt sich ein solches Vorgehen für sie. Wie ist das möglich? Selbstverständlich wird dergleichen dadurch erleichtert, daß billiges Öl reichlich zur Verfügung steht – es steckt aber noch mehr dahinter. Selbst so schlichte Artikel wie Kekse werden beispielsweise in Flensburg und München in riesigen Fabriken hergestellt, deren Gemeinkosten sehr hoch sind. Bei hohen Gemeinkosten aber sind die Grenzkosten – die Kosten für die letzte Kekspackung – äußerst niedrig, weil die übrige Produktion bereits für alles andere aufgekommen ist. Stellen Sie sich vor, Sie leiten eine Privatschule. Die ersten fünfzig Schüler kommen für die Lehrergehälter, die Gebäudekosten und dergleichen auf, und der Inhaber verdient erst ab Schüler Nummer einundfünfzig und zweiundfünfzig. Mithin machen die Grenzkosten nur einen Bruchteil der Durchschnittskosten aus.

Jetzt sagt beispielsweise der Fabrikant in Flensburg, daß er zwar am Ort verkauft, was er verkaufen kann – doch damit ist seine Kapazität nicht ausgelastet. Die Grenzkosten für eine volle Kapazitätsauslastung sind aber nur sehr gering. Also kann er seine Grenzerzeugnisse über eine große Entfernung transportieren – beispielsweise nach München. Selbst wenn die Transportkosten den größten Teil der Differenz zwischen den Grenzkosten und den Durchschnittskosten aufzehren, lohnt es sich für ihn, solange dabei etwas übrigbleibt. Und er hat durchaus recht. Nur daß der Produzent in München dasselbe denkt und auch seine Kapazität voll auslasten will. Daher faßt er den Flensburger Markt ins Visier. Während das Vorgehen also vom Standpunkt des jeweiligen Herstellers in Flensburg und München vernünftig ist, wird es völlig unvernünftig, wenn man die beiden gemeinsam betrachtet.

Das ist das Faszinierende an der Wirtschaftslehre: Es gibt eine spezielle Unternehmenslogik, die mit Blick auf die Gesamtheit sinnlos erscheint. Das macht den Gegenstand interessant. Mir geht es hier aber darum, die Aufmerksamkeit auf eine Tatsache zu lenken: All das ist auf die *Massen*erzeugung dieser Kekse und den dazu erforderlichen großen Kapitaleinsatz zurückzuführen. Solange bedingt durch die Produktionsweise die Grenzkosten lediglich einen Bruchteil der Durchschnittskosten ausmachen, wird es das beschriebene Phänomen geben, auch bei höheren Transportkosten. Das ist einer der Gründe, unter vielen anderen, warum ich zu dem Ergebnis gekommen bin, daß auch eine Massenproduktion, bei der alles aus einer Produktionsstätte kommt, auf das reichliche Vorhandensein billigen Öls angewiesen ist und nur so lange möglich ist, wie billiges Öl reichlich vorhanden ist.

Was müßte an seine Stelle treten? Man müßte sehen, ob nicht an die Stelle großer, sehr komplexer und stark kapitalintensiver Produktionsanlagen kleinere Einheiten treten könnten, die definitionsgemäß auch nicht so komplex wären. Wir müßten aber darüber hinaus versuchen, weit einfachere technische Verfahren zu finden, die wiederum nicht solch riesige Kapitalansammlungen bedingen würden.

Der sich daraus ergebende Lebensstil wäre sehr viel anders. Wir alle sind Opfer einer Gehirnwäsche, die aus dem neunzehnten Jahrhundert stammt, als offenbar die technische Unreife so groß war, daß man sagen konnte «je größer, desto besser»: Nur im großen Maßstab können auf Wachstum angelegte Wirtschaftssysteme gedeihen. Dabei ging es aber um eine sehr wenig entwickelte Technik. Das ist jetzt nicht mehr an dem. Heute verfügen wir über hinreichende technische und wissenschaftliche Kenntnisse, um die Dinge wieder klein machen zu können. Das ist kein theoretisches Argument, man kann es durch Theorie weder widerlegen noch stützen. Man muß einfach einige Leute dazu bringen, die entsprechenden Entwürfe anzufertigen. Das mag nicht auf allen Gebieten gelten: Ich bin nicht etwa der Ansicht, man könne in einem kleinen Werk Düsenriesen in kleiner Stückzahl bauen. Aber fangen wir doch einfach mit den Grundbedürfnissen des Menschen an. Und da sehe ich nichts, nichts von dem, was der Mensch letztlich *braucht*, das sich nicht mit sehr einfachen Mitteln sehr wirksam und in leicht durchführbarer Weise im kleinen Maßstab und mit einer stark vereinfachten Technik herstellen ließe. Dabei ist außerdem ein sehr geringer Kapitaleinsatz erforderlich, so daß all das auch wirklich allen, also dem ‹kleinen Mann›, zugänglich ist.

Wenn es, wie in den letzten hundert Jahren, einen technischen Hang zum immer Größeren, immer Komplexeren und immer Kapitalintensiveren gibt, werden selbstverständlich immer mehr Menschen davon ausgeschlossen. Das Ganze ist denjenigen vorbehalten, die bereits reich oder mächtig sind. Haben aber die Reichen und Mächtigen dem ‹kleinen Mann› eine Nische gelassen? Einige wollen nicht nach dem ersten Gebot unserer Gesellschaft leben: «Du sollst dich deiner Nische anpassen.»

Sie sagen, ich möchte auf eigenen Füßen stehen. Ich kann etwas, bin nicht dumm, habe geschickte Hände und möchte etwas tun – und dann stellt sich heraus, daß das nicht geht, weil ihnen die erforderlichen Geldmittel fehlen. Die Technik ist über das menschliche Maß hinausgewachsen. Die Frage heißt also: Können wir sie auf dieses Maß zurückführen? Diese Frage aber läßt sich nicht durch theoretische Erwägungen bejahen oder widerlegen, sondern nur durch praktische Erfahrung.

Wir haben uns in einer Organisation, der Intermediate Technology Development Group, zehn Jahre lang mit dieser Frage beschäftigt. Und überall, wo wir es versucht haben, haben wir festgestellt, jawohl, es ist selbstverständlich durchaus möglich. Wenn wir beispielsweise Zement herstellen wollen, können wir unter Nutzung unseres Wissens den entsprechenden Entwurf machen und eine Kleinstanlage bauen, obwohl in der Zementindustrie die Entwicklung vom Kleinhersteller zu immer größeren Anlagen gegangen ist, so daß es inzwischen Betriebe gibt, die pro Jahr eine halbe Million Tonnen Zement herstellen. Und statt einer gigantischen zentral gelegenen Fabrik mit einem Ausstoß von einer halben Million Tonnen können wir hundert Fabriken weit gestreut dort anlegen, wo die Rohstoffe zur Verfügung stehen und wo der Bedarf ist, so daß jede ein paar tausend Tonnen pro Jahr erzeugt. Das ist durchführbar, und es geht auch bei Ziegelsteinen, bei Spanplatten – es geht überall, wo wir es versucht haben. Es geht.

II
Rückkehr zum menschlichen Maß

«Daher schlage ich vor, daß, wer sich um eine *bessere* Gesellschaft, um ein *besseres* System bemüht, sein Tun nicht auf Versuche beschränken darf, den ‹Überbau› zu verändern – Gesetze, Vorschriften, Vereinbarungen, Steuern, öffentliche Wohlfahrt, Erziehungswesen, Gesundheitswesen und so weiter. Andernfalls könnte der Versuch, eine bessere Gesellschaft zu erkaufen, damit enden, daß man Geld in ein Faß ohne Boden schüttet. Wird die Basis – und das ist hier die Technik – nicht geändert, ist eine *wirkliche* Veränderung im Überbau nicht wahrscheinlich.»

Was ist das Wesen und welches sind die typischen Kennzeichen unserer gegenwärtigen Industriegesellschaft? Alles ist vielschichtig. Nach welchen Maßstäben sollen wir also zwischen dem Wesentlichen und dem Unwesentlichen unterscheiden? Wenn ich versuche, das «im Licht des Evangeliums» zu tun, muß ich zunächst einmal erläutern, wie sich mir dies Licht des Evangeliums darstellt.

Vor allem scheint mir das Evangelium zu sagen, daß das Leben eine Schule ist, sozusagen ein Übungsgelände. Daher kann man es nicht einfach aus sich heraus verstehen. Der Große Direktor scheint der Ansicht zu sein, daß es uns nicht nur einfach wohl ergehen soll (auch wenn Wohlergehen als solches nicht zu verachten ist), sondern daß wir auch etwas lernen, nach etwas streben und mit seiner Hilfe mehr werden sollen, als wir sind. Dies Etwas nennt man gemeinhin «das himmlische Reich». Dorthin gelangt, so heißt es, wer Gott liebt und seinen Nächsten wie sich selbst. Aber der Kern dieser Erziehung liegt darin, daß sie in Freiheit geschehen soll, daß am Ende ein wirklicher Mensch steht und keine Marionette.

Ich werde mithin versuchen, die Merkmale der Industriegesellschaft vom Standpunkt dieser überaus wichtigen Aufgabe zu betrachten.

Zuvor aber sollte ich mir mindestens eines der großen Gleichnisse aus den Evangelien ins Gedächtnis rufen, das vom Unkraut und vom Weizen. Darin heißt es, es sei Teil des großen Planes, daß sie beide gemeinsam wachsen dürfen. Wenn wir das ernst nehmen, müssen wir damit rechnen, in unserer Gesellschaft das große Gute und das große Böse untrennbar nebeneinander vorzufinden. Denn alle Hinweise – die Zeichen der Zeit – deuten darauf hin, daß die Zeit der Ernte möglicherweise gekommen ist, da das Unkraut verbrannt, der Weizen aber «in die Scheuer gesammelt» wird.

Welche Hinweise, welche Zeichen der Zeit sind das?

Ich meine, sie sind zahlreich, und ich will nur eines von ihnen nennen: die außerordentliche Zunahme der Geschwindigkeit, mit der die Dinge sich ändern. Graphisch dargestellt würde die Änderungsgeschwindigkeit als exponentielle oder logarithmische Kurve einer stetigen Beschleunigung erscheinen. Es ist völlig klar, daß so etwas auf dieser Erde nicht über einen längeren Zeitraum hin möglich ist. Eine solche Kurve muß binnen kurzem ihren Endpunkt erreichen. Das aber kann nur das Ende eines Zeitalters und die «Umwertung aller Werte» bedeuten, oder, in der Bildersprache der Evangelien, die Sonderung des Weizens vom Unkraut.

Bei der Betrachtung der heutigen Industriegesellschaft erwarte ich daher eine kaum noch zu entwirrende Mischung von großem Gutem und großem Bösem. Höchstwahrscheinlich ist es vor allem eine Sache des Temperaments, von welchem der beiden man sich am meisten beeindrucken läßt. Aber jede Ansicht oder Beschreibung von dieser Gesellschaft, die nur eines von beidem einbezieht, ließe vermutlich einen wichtigen Teil der Wahrheit unberücksichtigt.

Die moderne Industriegesellschaft ist überaus kompliziert. Sie stellt sehr hohe Ansprüche an Zeit und Aufmerksamkeit des Menschen. Das ist meiner Ansicht nach ihr größtes Übel. So paradox es scheinen mag, sie hat trotz einer schier unglaublichen Verbreitung arbeitsparender Einrichtungen dem Menschen keineswegs mehr Zeit gegeben, sich mit seinen geistig-seelischen Aufgaben zu beschäftigen, die wichtiger sind als alles andere. Im Gegenteil, sie hat es allen, mit Ausnahme der Entschlossensten, sehr erschwert, überhaupt Zeit für diese Aufgaben zu finden. Ich denke, ich gehe nicht fehl, wenn ich behaupte, daß die in einer gegebenen Gesellschaft verfügbare wirkliche Zeit der Muße im allgemeinen im umgekehrten Verhältnis zur Zahl an arbeitsparenden Einrichtungen steht, deren sie sich bedient. Wenn man, wie ich es getan habe, von England nach den Vereinigten Staaten und von dort weiter in ein Land wie Burma reist, wird man zweifellos die Richtigkeit dieser Aussage erkennen. Wie läßt sich dieser Widerspruch erklären? Wohl einfach damit, daß die Wünsche stets rascher zunehmen als die Möglichkeiten zu ihrer Erfüllung, *es sei denn, man unternähme sehr bewußte Bemühungen in der entgegengesetzten Richtung.*

Daß an die Stelle körperlicher Belastung weithin die geistige getreten ist, halte ich für keinen wirklichen Fortschritt. Selbst schwere körperliche Arbeit absorbiert die Aufmerksamkeit des Menschen nicht so total wie geistige Arbeit. Mithin bleibt keine Kraft für die seelischen Dinge, auf die es wirklich ankommt. Offensichtlich vermag ein körperlich schwer arbeitender

Landmann sich weit leichter auf das Göttliche einzustimmen als ein in seinen Büroalltag eingespannter Angestellter.

Daher sage ich, es ist ein großes Übel der modernen Industriegesellschaft – möglicherweise ihr größtes –, daß sie durch ihre Kompliziertheit den Menschen eine unmäßige psychische Belastung auferlegt und einen übermäßigen Anteil ihrer Aufmerksamkeit beansprucht. Selbstverständlich könnte das anders sein. Es ist beispielsweise immer noch möglich, daß bisher unentwickelte Länder nur das von der westlichen Industriegesellschaft übernehmen, was tatsächlich das Leben erleichtert und bereichert, hingegen alles zurückweisen, was zwar ganz angenehm ist, in Wirklichkeit aber schadet. Doch gibt es bisher kein Anzeichen dafür, daß das irgendwo auf der Welt geschieht. Im Gegenteil, Kinos, Transistorradios, Flugzeuge und dergleichen setzen sich weit schneller durch als wirklich lohnende Errungenschaften.

Ob die Tendenz, Bedürfnisse rascher entstehen zu lassen, als man sie erfüllen kann, zur Industriegesellschaft als solcher gehört oder zu ihrer spezifischen westlichen Form, ist möglicherweise ein strittiger Punkt. Sicher ist, daß es diese Tendenz gibt und daß die gesellschaftliche Struktur sie verschärft. Die Industrie behauptet, Werbung sei unerläßlich, wenn man einen Massenmarkt erobern will, der wiederum erst eine preiswerte Massenfertigung möglich macht. Was aber ist der größte Teil der Werbung, wenn nicht eine Aufforderung zu Neid, Geiz und Unmäßigkeit? Es läßt sich nicht leugnen, die industrialisierte Gesellschaft spannt, ganz bestimmt in ihrer kapitalistischen Erscheinungsform, diese menschlichen Schwächen – mindestens drei der sieben Hauptsünden – ganz offen für ihre Zwecke ein und bedient sich ihrer geradezu als Triebfeder.

Vom Standpunkt der Evangelien aus ist das Teufelswerk. Der Kommunismus, der die Evangelien ablehnt und sich über sie lustig macht, scheint nicht in der Lage zu sein, etwas Besseres auf die Beine zu stellen. Sein Hauptanspruch liegt in seiner Absicht, binnen kurzem Europa oder sogar Amerika zu «überholen» (seine eigene Ausdrucksweise). Der britische Sozialismus war sich dieser Form der menschlichen Ausbeutung früher einmal bewußt, führte sie aber schließlich auf das besondere Zusammenwirken von Privatunternehmertum und Gewinnstreben zurück. Doch fürchte ich, daß er inzwischen sein Ziel aus den Augen verloren hat und sich lediglich als ein Mittel dazu versteht, den Lebensstandard der ärmeren Klassen rascher zu steigern, als das durch Privatunternehmertum möglich wäre. Wie auch immer, der gegenwärtigen Industriegesellschaft haftet allenthalben dieser Makel an, daß in ihr unaufhörlich Unmäßigkeit, Neid und Geiz angestachelt werden. Sie hat ein ganzes Netz von Anreizen geschaffen, mit dem der Egoismus des einzelnen im offenen Gegensatz zur Lehre des Evangeliums überbetont wird.

R. H. Tawney, einer der großen ethischen Denker unserer Zeit, hat vom «unverhohlenen Haß auf ein System» gesprochen, «das die Persönlichkeit verkümmern läßt und die Beziehungen zwischen den Menschen unterhöhlt, indem es zuläßt, daß Menschen andere Menschen als Mittel zu finanziellem Gewinn benutzen». Auch unsere moderne Industriegesellschaft ist ein solches «System», und man mag sich hier wiederum darüber streiten, ob diese Übel Ausfluß der Industrialisierung als solcher oder der besonderen kapitalistischen Ausprägung sind, in der sie sich in den Ländern des Westens manifestiert. Ich fürchte, es liegt an der Industrialisierung, unabhängig von der Gesellschaftsform. Inwiefern läßt sie die Persönlichkeit verkümmern? Woran Mister Tawney auch immer gedacht haben mag, ich möchte sagen: hauptsächlich dadurch, daß sie die meisten Arbeiten – körperliche und geistige – zum größten Teil ihres Sinns und Gehalts beraubt. Damit wird sie mechanisch, künstlich, entfernt sich von der Natur, nützt nur einen Bruchteil der Fähigkeiten, über die der Mensch verfügt, und verurteilt die Mehrzahl der arbeitenden Menschen dazu, ihr Arbeitsleben auf eine Weise zu verbringen, bei der es keine wichtigen Aufgaben, keinen Anreiz zur Selbstvervollkommnung, keine Gelegenheit zur Entwicklung und keinen Platz für das Schöne, Wahre oder Gute gibt. Das Hauptziel der modernen Industriegesellschaft liegt nicht darin, daß der Mensch in der Arbeit Befriedigung findet, sondern in der Produktivitätssteigerung. Arbeitsersparnis ist ihre stolzeste Errungenschaft, und damit stellt sie Arbeit als etwas Unerwünschtes hin. Etwas, das nicht wünschenswert ist, kann aber keine Würde verleihen. Mithin ist das Arbeitsleben eines Werktätigen ohne Würde. Angesichts dessen überrascht es nicht, daß Menschen sich mürrisch weigern, Verantwortung zu übernehmen, selbst bei höherer Entlohnung – eher verstärkt diese noch den Mangel an Verantwortungsbereitschaft.

Hinzu kommt, daß die Industriegesellschaft, ganz gleich, wie demokratisch sie in ihren politischen Einrichtungen sein mag, bei den Methoden der Unternehmensführung autokratisch ist. Ließe man die Arbeiter selbst in größerem Umfang bei der Organisation ihrer Arbeit mitreden, könnten sie möglicherweise ihren täglichen Aufgaben mehr Interesse und Würde abgewinnen – allerdings bezweifle ich das. Immerhin sind sie, wie alle anderen, Angehörige der modernen Industriegesellschaft und durch die verzerrten Wertvorstellungen geprägt, die diese überall durchdringen. Woher sollten sie wissen, wie man Dinge anders tun kann? Es ist eine Erfahrung, die man häufig macht: Der Arbeiter empfindet, sobald man ihm Teile der Verantwortung der Unternehmensführung überträgt, ein geradezu beunruhigendes Verständnis und Mitgefühl für die jeweiligen Sorgen der Geschäftsleitung. Wie könnte es auch anders sein? Die moderne Industriegesellschaft hat sich ihr eigenes, in sich schlüssiges System aus Werten, Kriterien, Maßstäben und so weiter geschaffen. Alles hängt miteinander zusammen, nichts läßt sich ohne die Gefahr des Zusammenbruchs verändern. Wenn jemand sagte: «Ich weise den Götzendienst an der Produktivität zurück, ich will dafür sorgen, daß jede Arbeit menschenwürdig ist», hätte er allen Grund zu befürchten, daß er nicht in der Lage wäre, die Löhne zu zahlen, die man von ihm erwartet. Ließe er sich dennoch nicht abschrecken, würde er bald vor dem Konkursrichter stehen. Dennoch ist eine autokratische Unternehmensführung, die in der Belegschaft ‹Produktionsfaktoren› statt verantwortliche Menschen sieht und sie dementsprechend behandelt, ein schweres Übel. Es führt dazu, daß das Leben vieler verkümmert und vergeudet wird.

Vielleicht ließe sich eine Form der Industriegesellschaft entwickeln, die auf viel kleineren Einheiten gründet und in der man Macht und Verantwortung immer weiter dezentralisiert.

Vom Standpunkt der Evangelien aus ist ein hierarchischer Aufbau, sind Autorität und Macht als solche kein Übel. Aber die Größe der Struktur muß sozusagen mit der des Menschen vereinbar sein. Aus hundert Menschen bestehende Strukturen beispielsweise können noch ganz und gar demokratisch sein, ohne zerrüttet zu werden. Doch in solchen aus Hunderten oder gar Tausenden von Menschen läßt sich unmöglich ohne autoritäre Strukturen eine Ordnung aufrechterhalten, ganz gleich, wie stark das Verlangen nach Demokratie möglicherweise ist.

Vier Hauptmerkmale der modernen Industriegesellschaft müssen im Licht der Evangelien als große und schwerwiegende Übel gelten:

1. Sie ist viel zu kompliziert.

2. Sie stachelt fortwährend den Geiz, den Neid und die Unmäßigkeit an und ist geradezu auf diese Todsünden angewiesen.

3. Sie zerstört Inhalt und Würde der meisten Tätigkeiten.

4. Sie ist, wegen ihrer Gliederung in unmäßig große Einheiten, dem Wesen nach autoritär.

All diese Übel werden meiner Meinung nach noch dadurch verschärft, daß die Industrie größtenteils ausschließlich dem Zweck des privaten Gewinnstrebens dient. Und wenn sich auch ein Teil der Großfinanz in den letzten Jahren merklich zivilisiert hat – hauptsächlich unter dem Druck der ‹Gegenkraft› der Gewerkschaften in einer vollbeschäftigten Wirtschaft –, bleibt immer noch ein großer Bodensatz großer und kleiner Unternehmen, die in extremer Weise die schlimmsten

Merkmale kapitalistischer Verantwortungslosigkeit an den Tag legen. Die deutlichsten Beispiele dafür lassen sich vielleicht bei den Massenmedien finden – auf bestimmten Gebieten des Pressewesens, in der Unterhaltungsindustrie, bei Buchverlagen und dergleichen. Möglicherweise kennen Sie Richard Hoggarts Werk über den richtigen Umgang mit der Fähigkeit zu lesen und zu schreiben. Darin findet sich eine furchtbare Anklage: Die schlimmste Form der Ausbeutung – so Hoggart – sei heutzutage die ‹kulturelle Ausbeutung›, das heißt die Tatsache, daß skrupellose Finanzhyänen den tiefwurzelnden Drang nach Bildung ausbeuten, den die weniger privilegierten und in ihrer schulischen Ausbildung zu kurz gekommenen Gruppen unserer Gesellschaft empfinden. Was man – jedenfalls meiner Ansicht nach – von der gegenwärtigen Industriegesellschaft zu halten hat, drückt sich am deutlichsten in der Art von Lesestoff aus, der an den meisten Zeitschriftenkiosken in Arbeitervierteln angeboten wird. Wer behauptet, «die Leute wollen das», fügt zur Kränkung noch den Hohn. Nicht ihr Wunsch äußert sich hier, sondern einige ihrer Mitmenschen, die zu jedem erniedrigenden Verbrechen fähig sind, wenn sie dabei nur schmutziges Geld verdienen können, wecken diesen Wunsch in ihnen.

Diese schlimmen und zum Himmel schreienden Übel werden nun keineswegs weniger. Im Gegenteil, sie verbreiten sich über die ganze Welt und nehmen noch an Intensität zu. Dem modernen Industriesystem ist der Zwang zum Wachstum eingebaut. Das Ganze kann nur funktionieren, wenn es wächst. Das System hat den Begriff ‹Stabilität› aus seinem Wörterbuch gestrichen und an seine Stelle ‹Stagnation› gesetzt. Sein ständiges Wachstum ist weder zweck- noch zielgerichtet, es geschieht um seiner selbst willen. Niemand will wissen, worauf das Ganze letztlich hinauslaufen soll. Das Streben geht ins Leere, ein Sättigungspunkt ist nicht vorgesehen. Man kann jetzt fragen, wer bestimmt da eigentlich? Letzten Endes der Technologe. Was – innerhalb bestimmter wirtschaftlicher Grenzen – technisch möglich wird, muß getan werden. Die Gesellschaft hat sich dem anzupassen. Die Frage, ob es zu etwas nütze ist oder nicht, wird mit dem Argument beiseite gewischt, daß ohnehin niemand weiß, was gut oder böse ist, nützlich oder schädlich, des Menschen würdig oder unwürdig.

Professor A. Hill sagt in seinem Buch *The Ethical Dilemma of Science:*

«Wer da meint, wissenschaftlicher und technischer Fortschritt allein vermöchte alle Probleme zu lösen, denen sich die Menschheit gegenübersieht, glaubt an Zauberei, und zwar an eine von der unerfreulichen Art, die dem menschlichen Geist seinen Platz verweigert.»

Hervorheben will ich an dieser Stelle, daß das moderne Industriesystem gerade das tut: Es verweigert dem menschlichen Geist sehr wirkungsvoll seinen Platz. Die Systemherren hatten zuviel mit Maschinen zu tun. Daher sind sie davon überzeugt, daß die Entwicklung der Wirtschaft ein mechanischer, und das heißt ein unabänderlicher Prozeß ist, der dadurch, daß man Werturteile in ihn einbringt, lediglich in Unordnung geraten, aber niemals aufgehalten oder auch nur geändert werden kann.

Angesichts dieses vorherrschenden Übels kann man durchaus fragen, wo sich auch nur ein geringes Gutes finden läßt. Hat nicht das Unkraut den Weizen völlig erstickt?

Als Christ darf ich der Versuchung, das zu denken, nicht erliegen. Es ist die Aufgabe und die ihm zugewiesene Rolle des Teufels, Gottes Werk zu tun. Es muß an allem etwas Gutes sein – denn warum dürfte es sonst geschehen?

Wohl niemand wird von mir erwarten, daß ich nun die äußerlichen und weltlichen Leistungen der Industriegesellschaft als das große Gute hinstelle, das neben dem Übel entstanden ist. Täte ich das, würde ich die mahnenden Worte der Evangelien völlig außer acht lassen, die da lauten: «Was hülfe es dem Menschen, so er die ganze Welt gewönne und nähme doch Schaden an seiner Seele?» Im Licht des Evangeliums können wir lediglich sagen, daß diese Leistungen uns nichts nützen, denn sie werden damit erkauft, daß wir die «köstliche Perle» verschleudern. Wenn sich ein Gutes finden ließe, müßte es ein seelisches Gutes sein. Ich glaube nicht, daß es besonders schwer zu finden ist.

Wir können eine allmähliche Ausbreitung und Festigung bestimmter Grundvorstellungen von Gerechtigkeit und Freiheit feststellen. Noch die größten Übeltäter erkennen die Notwendigkeit, sich heuchlerisch rechtfertigen zu müssen. «Heuchelei ist» – wie der Herzog de la Rochefoucauld vor dreihundert Jahren anmerkte – «die Huldigung des Lasters an die Tugend.» Man übersehe nicht die Bedeutung, die darin liegt, daß sich heute jegliches Gewaltherrschaftssystem als Demokratie ausgibt und man alle Eroberungen als Befreiungen und alle Willkürakte als die Gerechtigkeit des

Volkes hinstellt. Das ist bereits ein bedeutsamer Sieg des Lichtes über die Finsternis und ein großer Schritt nach vorn, weg von Machiavellis Billigung jeder Art von politischem Verbrechen.

Wenn das Leben eine ‹Schule des Werdens› und der Selbstentwicklung ist, müssen die Vorstellungen von persönlicher Freiheit und Verantwortlichkeit zunehmend fester verankert werden. Möglicherweise ist es utopisch zu hoffen, daß sie jemals Gültigkeit auf der ganzen Welt erlangen – denn das Gute und das Böse wachsen nun einmal miteinander. Doch *als Vorstellungen* können und, dessen bin ich sicher, werden sie so mächtig werden, daß der Böse immer stärkere Kräfte aufbieten muß, um ihnen widerstehen zu können. Zu Zeiten, als Sklaverei, Leibeigenschaft und kapitalistische Ausbeutung ihren Höhepunkt hatten, sahen große Gruppen von Menschen sich nie als potentiell frei und selbstverantwortlich an. Das ist heute anders, selbst in Konzentrationslagern, GULAGs und dergleichen. Möglicherweise nutzt der durchschnittliche Fabrikarbeiter seine Freiheit nur herzlich wenig oder in einer Weise, die ihm schadet – doch er zweifelt nicht daran, daß er sie besitzt und daß sie etwas Kostbares ist. Ganz gleich, wie sehr gegen diese Ideen gesündigt wird, es ist wohl unbezweifelbar, daß sie als Ideen heute fester im Bewußtsein der Menschen verankert sind als je zuvor. Ideen sind wichtiger als Tatsachen. Es ist noch gar nicht so lange her, daß Begriffe wie Kolonialismus, Imperialismus, «Herr und Knecht» und ähnliches durchaus vernünftig erschienen – das ist jetzt nicht mehr der Fall. Zwar argumentieren noch viele Menschen damit, die Vorstellung von Freiheit sei nicht in die Wirklichkeit umzusetzen, und Menschenwürde,

Selbstbestimmung und derlei lasse sich nicht verwirklichen. Gegen die Vorstellungen als solche allerdings argumentiert niemand mehr.

All das läßt sich deutlich erkennen, wenn wir das moderne Industriesystem betrachten. Es ist in der Tat autoritär und wird möglicherweise in dem Maße, wie die Einheiten an Größe zunehmen, noch autoritärer. Aber weder Herren noch Knechte lassen sich von dieser autoritären Haltung täuschen. Die Herren sind mit schlechtem Gewissen autoritär, und die ‹Knechte› dulden es nur widerwillig und nur dort, wo es unvermeidbar ist. Überall finden Diskussionen über die gesellschaftlichen Verpflichtungen der Unternehmer statt. Die Menschen sind sich klar darüber, daß ein Unternehmen nicht nur seinen Aktionären, sondern auch seiner Belegschaft, seinen Kunden und der Gesellschaft insgesamt verantwortlich ist. Wir haben in Großbritannien einen ausgedehnten öffentlichen Bereich, auf dem man allerlei Anstrengungen unternimmt, allen gerecht zu werden, und zu diesem Zweck hat man auch institutionelle Mittel entwickelt. Es gibt keine Aktionäre, aber die Arbeitnehmer verlangen Rechenschaftslegung durch gemeinsame Beratung, die Kunden durch Verbraucherschutzorganisationen und die Gesellschaft durch das Parlament und den jeweils zuständigen Minister.

Von meinem Standpunkt aus ist es nicht von entscheidender Wichtigkeit, ob diese Vorkehrungen besser oder schlechter als undemokratisches Vorgehen in Unternehmen *funktionieren*. Sie *sind* besser, weil sie der Bedeutung des menschlichen Lebens mehr entsprechen als eine bloße Wohlstandsmaschine – mit wie großem Erfolg auch immer sie das tut –, die auf dem Erwerbsstreben gründet und in ihm ihren Antrieb hat.

Wenden wir uns noch einmal dem Gedanken von Leben als einer Schule zu. Mit dem Eintritt in höhere Klassen und dem Erreichen bestimmter Fertigkeiten werden Aufgaben und Prüfungen immer etwas schwieriger. Aber die vom Großen Lehrer gestellten Aufgaben werden auch sinnvoller und wesentlicher. Die moderne Industrie stellt ganz offenbar die schwierigste Prüfungsaufgabe: Wie bringt man es fertig, das Geistig-Seelische angesichts dieser überwältigenden Versuchungen nicht aus dem Auge zu verlieren? Diese Aufgabe ergibt sich daraus, daß sie in einem in der Menschheitsgeschichte nie zuvor gekannten Umfang Bequemlichkeit produziert und dabei die eigentliche erzieherische Aufgabe täglicher Arbeit beinahe zerstört. Viele Menschen, insgesamt allerdings nur eine kleine Minderheit, versuchen sich an dieser Aufgabe. Ich glaube, wir leben in einem Zeitalter zunehmender Polarisierung. Eine große graue Masse wird vor unseren Augen in einige sehr dunkle und einige sehr helle Bestandteile aufgeteilt. Wie zu erwarten steht, scheint das in den Vereinigten Staaten am weitesten vorangeschritten zu sein. Von dort kommen ständig sehr große Übel (und wir in Europa bemühen uns nach Kräften, sie nachzuahmen und zu übernehmen). Doch man täusche sich nicht: Es gibt in jener turbulenten Gesellschaft einen starken Antrieb zum Guten und ein Bewußtsein vom Guten, mehr Gutes, so glaube ich, als in Europa.

Ich selbst bin der Ansicht, daß, schon *vom weltlichen Standpunkt aus betrachtet*, die Industriegesellschaft, sofern sie keine grundlegende Änderung erfährt, ein schlimmes Ende nehmen muß. Nachdem sie jetzt ein immer stärkeres Wachstum zu ihrem Hauptziel erklärt hat, kann ihr Ende nicht mehr fern sein. Allerdings bedeutet das nicht, daß sie vom Standpunkt des Evangeliums aus ihre Aufgabe verfehlt hätte. Aus der schweren Prüfung, die diese ungeheuerliche Entwicklung uns auferlegt, werden viele einzelne triumphierend hervorgehen, unverdorben und unbestechlich. Das ist alles, worauf es wirklich ankommt.

Das heißt nun nicht, daß wir angesichts der Mängel dieser Welt unsere Hände in Unschuld waschen dürften. Nur jene dürfen triumphieren, die keinen Augenblick in ihrem Kampf gegen das Übel und für die Wiedererrichtung der Ordnung nachlassen, ganz gleich, wie feindlich ihre Umwelt ist. «Weh der Welt der Ärgernisse halben! Es muß ja Ärgernis kommen, doch weh dem Menschen, durch welchen Ärgernis kommt!» (Matthäus 18, 7). Jeder, der lediglich seine Hände in Unschuld wäscht, gehört zu denen, von welchen «Ärgernis» kommt.

Und warum sollte die Industriegesellschaft ihr Ziel nicht erreichen? Warum sollten die von ihr hervorgerufenen seelischen Übel zum weltlichen Versagen führen? Ich möchte von einem rein praktischen Standpunkt aus dazu sagen:

1. Sie hat bestimmte organische Beziehungen so stark gestört und stört sie weiterhin, daß die Weltbevölkerung allem Anschein nach unaufhaltsam über das Maß hinaus wächst, bei dem sie ihr Auskommen finden kann.

2. Sie stört bestimmte andere organische Beziehungen so sehr, daß schon die Mittel zum bloßen Unterhalt bedroht werden: durch Verbreitung von Gift, künstlichen Lebensmittelzusätzen und so weiter.

3. Sie erschöpft rasch die nicht erneuerbaren Vorräte

der Erde an seltenen Rohstoffen – in der Hauptsache an Brennstoffen und Metallen.

4. Sie degradiert die moralischen und geistigen Eigenschaften des Menschen, entwickelt aber gleichzeitig weiterhin eine äußerst komplizierte Lebensweise, deren nahtloses Weiterbestehen eine Zunahme der moralischen und geistigen Eigenschaften des Menschen erfordert.

5. Sie erzeugt Gewalt – Gewalt gegen die Natur, die jederzeit in Gewalt gegen die Mitmenschen umschlagen kann, und das zu einer Zeit, in der es Waffen gibt, die die Nichtanwendung von Gewalt zu einer Bedingung des Überlebens machen.

Man darf nicht glauben, eine beliebige politische oder wirtschaftliche Reform, eine wissenschaftliche Neuerung oder technischer Fortschritt der einen oder anderen Art könne das Dilemma der Industriegesellschaft lösen, bei dem es auf Leben und Tod geht. Dazu liegen diese Probleme zu tief, nämlich im Herzen und in der Seele eines jeden von uns. Dort muß die Hauptarbeit der Reform geleistet werden – insgeheim und unauffällig. Ich glaube, daß wir uns die Gewaltlosigkeit in unserem Herzen zu eigen machen und uns anverwandeln müssen. Ein Verbot der Atombombe mag richtig sein oder nicht, wichtiger aber ist es, gegen die Wurzeln anzugehen, aus denen sie erwachsen ist.

Ich sehe diese Wurzeln in einer gewalttätigen statt einer ehrfürchtigen Haltung gegenüber dem Werk Gottes. Die abstoßende und unübertreffliche Häßlichkeit der Industriegesellschaft – und immerhin ist sie die Mutter der Atombombe – liefert ein sicheres Anzeichen für ihre Gewalttätigkeit. «Selig sind die Sanftmütigen, denn sie werden das Erdreich besitzen», und

«Selig sind die Friedfertigen, denn sie werden Gottes Kinder heißen» (Matthäus 5, 5.9).

Man wird mich bitten zu erläutern, was jeder einzelne von uns in dieser überaus schwierigen Lage *tun* kann. Was haben Christen getan, während das Römische Reich unterging? Sie sind nicht davongelaufen, sondern haben inmitten des offenbaren Untergangs gelassen ihre Aufgaben erfüllt. Der Verfall der Industriegesellschaft – das heißt der in ihr immer aufdringlicher vorgeführte Tanz ums Goldene Kalb, das Streben nach rasch erworbenem Reichtum – bietet überall reichlich Gelegenheit, Licht in die Finsternis zu bringen. Man muß überall offen für die Werte der Freiheit, Verantwortlichkeit und Menschenwürde eintreten – auch dort, wo es scheint, daß die große Industriemaschine reibungsloser und mit höherem Wirkungsgrad läuft, wenn man sich um diese Werte nicht kümmert. Vielleicht ist das nicht möglich, ohne Anstoß zu erregen. In den Ohren der Nutzenmaximierer mag es sich fast wie Sabotage anhören, wenn einem jungen Menschen gesagt wird, daß seine persönliche Lauterkeit wichtiger ist als seine Aussichten, auf der Karriereleiter emporzuklimmen. Denen, die da meinen, ein Höchstmaß an Konsum sei das einzige erstrebenswerte Ziel für uns Sterbliche, erscheint es eher als miesepetrig, wenn man darauf beharrt, daß Raubbau an natürlichen Rohstoffen ein Verbrechen ist.

Was zählt, ist das persönliche Beispiel des einzelnen. Die größte jedem von uns mögliche Leistung besteht, wie auch schon in früheren Zeiten, darin, daß wir in uns selbst ein wirkliches Verständnis für unsere Lage fördern und entwickeln und auf ein solches Verständnis Überzeugtheit, Entschlußkraft und Überredung gründen. Wir wollen uns nichts vormachen, es entspricht nicht dem Zeitgeist, daß man die moderne Industrie im Licht der Evangelien betrachtet, und der großen Mehrheit unserer Zeitgenossen erscheint meine hier vorgetragene Diagnose zum gegenwärtigen Zeitpunkt nicht annehmbar. Welchen Sinn hätte also der Ruf nach einem Aktionsprogramm? Wer verstanden hat, worum es geht, weiß, was er zu tun hat. Und er weiß auch, daß er nicht allein steht, auch wenn er gegenwärtig noch einer Minderheit angehört.

Kaum jemand würde es heute noch abstreiten, daß technische Veränderungen politische Veränderungen nach sich ziehen. Dennoch scheinen sich ebenso wenige Menschen im klaren darüber zu sein, daß das gegenwärtige System im weitesten Sinne des Wortes ein Ergebnis der Technik ist und sich nur dann grundlegend ändern kann, wenn auch die Technik geändert wird. Auf die Frage, wie es zu dieser Form moderner Technik gekommen ist, kann man verschiedene Antworten geben. Wir können bis zur Renaissance zurückgehen oder noch weiter in die Vergangenheit, zum Beginn des Nominalismus, und auf bestimmte Veränderungen in der Haltung des abendländischen Menschen gegenüber Religion, Wissenschaft, Natur und Gesellschaft hinweisen, die dann offensichtlich die intellektuellen Energien zur Entwicklung der modernen Technik freisetzten. Eine unmittelbarere Erklärung haben Marx und Engels geliefert: Den Anstoß gab die zunehmende Macht der Bourgeoisie, das heißt «der Klasse neuzeitlicher Kapitalisten, denen die gesellschaftlichen Produktionsmittel gehören und die Lohnarbeiter beschäftigen».

«Die Bourgeoisie, wo sie zur Herrschaft gekommen ist, hat alle feudalen, patriarchalischen, idyllischen Verhältnisse zerstört. Sie hat die buntscheckigen Feudalbande, die den Menschen an seinen natürlichen Vorgesetzten knüpften, unbarmherzig zerrissen und kein anderes Band zwischen Mensch und Mensch übriggelassen, als das nackte Interesse, als die gefühllose ‹bare Zahlung›. (. . .) Sie zwingt alle Nationen, die Produktionsweise der Bourgeoisie sich anzueignen, wenn sie nicht zugrunde gehen wollen (. . .). Die Bourgeoisie hat das Land der Herrschaft der Stadt unterworfen. Sie hat enorme Städte geschaffen, (. . .) die Bevölkerung agglomeriert, die Produktionsmittel zentralisiert und das Eigentum in wenigen Händen konzentriert.»

Wenn die Bourgeoisie all das getan hat, was hat sie dazu in den Stand versetzt? Die Antwort ist zweifellos: die Heraufkunft moderner technischer Verfahren. Ist aber ein technischer Entwicklungsprozeß erst einmal in Gang gekommen, verselbständigt er sich weitgehend gegenüber den Absichten derer, die ihn eingeleitet haben. Er verlangt nach einem angemessenen System, denn unangemessene Systeme bedeuten Mangel an Effektivität oder gar Versagen. Ganz gleich, wer der Welt die moderne Technik beschert hat und aus welchen Gründen, jetzt verlangt diese Technik, oder mit dem Marxschen Begriff, verlangen diese Produktionsweisen ein System, das *ihnen angepaßt* und für sie geeignet ist.

Daß unsere moderne Gesellschaft sich zweifellos in einer Krise befindet, deutet darauf hin, daß diese Anpassung so nicht gelungen ist. (a) Bei einer trotz glänzender Technik geringen Gesamtleistung ist möglicherweise das System nicht in Ordnung. (b) Vielleicht aber ist die Technik der heutigen Wirklichkeit nicht angepaßt, wobei zu dieser Wirklichkeit auch die Natur des Menschen gehört.

Welche von beiden Möglichkeiten ist die zutreffende? Das ist eine ganz entscheidende Frage. Die am häufigsten vertretene Ansicht geht dahin, bei der Technik sei alles in Ordnung – oder könne zumindest im Nu auf den erforderlichen Stand gebracht werden –, das System aber stecke so voller Mängel, daß die Technik nicht leisten könne, was von ihr erwartet wird:

«(. . .) die moderne bürgerliche Gesellschaft, die so gewaltige Produktions- und Verkehrsmittel hervorgezaubert hat, gleicht dem Hexenmeister, der die unterirdischen Gewalten nicht mehr zu beherrschen vermag, die er heraufbeschwor. (. . .) Die bürgerlichen Verhältnisse sind zu eng geworden, um den von ihnen erzeugten Reichtum zu fassen. – Wodurch überwindet die Bourgeoisie die Krisen? Einerseits durch die erzwungene Vernichtung einer Masse von Produktivkräften; andererseits durch die Eroberung neuer Märkte und die gründlichere Ausbeutung aller Märkte. Wodurch also? Dadurch, daß sie allseitigere und gewaltigere Krisen vorbereitet und die Mittel, den Krisen vorzubeugen, vermindert» (Marx und Engels: *Manifest der Kommunistischen Partei*, 1848).

Die Schuld trägt das kapitalistische System, das System des Profitstrebens, das Marktsystem oder anders herum die Verstaatlichung, die Bürokratie, die Demokratie, die Planung oder die Unfähigkeit der Unternehmer. Kurz gesagt: Wir haben einen hervorragenden

Zug, nur taugt das Streckennetz nichts, oder der Lokführer versteht seine Arbeit nicht besonders gut, oder die Fahrgäste sind eine Ansammlung aufsässiger Dummköpfe.

Vielleicht stimmt all das sogar, nur ist auch der Zug nicht gerade großartig. Vielleicht liegt die eigentliche Wurzel des Übels in dem, was die stärkste prägende Kraft war und weiterhin ist – in der Technik selbst.

Wenn unsere Technik hauptsächlich ein Ergebnis des kapitalistischen Systems ist, wird sie da nicht wahrscheinlich die Kennzeichen ihrer Herkunft tragen, nämlich daß sie eine Technik für die Wenigen zu Lasten der Massen ist, eine ausbeuterische, an Klassenstrukturen ausgerichtete, undemokratische, unmenschliche und darüber hinaus umweltfeindliche und zerstörerische Technik?

Mich erstaunt immer wieder die Fügsamkeit, mit der Menschen – sogar solche, die sich als Sozialisten oder Marxisten bezeichnen – die Technik unkritisch hinnehmen, als sei sie Teil eines Naturgesetzes. Ein Beispiel für diese ‹Fügsamkeit› mag der Premierminister des Iran liefern, der kürzlich in einem Interview (*To the Point International*, 12. Januar 1976) gesagt haben soll:

«Es gibt viele Dinge in der westlichen Welt, die wir bei der Industrialisierung des Iran unbedingt vermeiden wollen. *Wir wollen vom Westen ausschließlich die Technik, nicht die Ideologie.* Uns ist es darum zu tun, eine Ideologieverpflanzung zu vermeiden.»

Dabei wird von der stillschweigenden Voraussetzung ausgegangen, eine Übernahme der gesamten Technik ohne eine Übernahme der Ideologie sei möglich, als sei

Technik ideologisch neutral, als könne man technische Einrichtungen ohne das Denken kaufen, das dahintersteht, sie ermöglicht hat *und sie in Gang hält.* Ist das nicht etwa so, als sagte man: «Ich möchte gern Bruteier einführen, allerdings sollen keine Hühner ausschlüpfen, sondern Mäuse oder Känguruhs»?

Ich will die Sache nicht zu überspitzt darstellen; es gibt auf dieser Welt nichts völlig Eindeutiges, und zweifellos kann man auf ein und demselben Klavier eine Vielzahl von Melodien spielen – doch es wird immer Klaviermusik sein. Ich stimme der allgemeinen Bedeutung von Marx' rhetorischer Frage zu:

«Bedarf es tiefer Einsicht, um zu begreifen, daß mit den Lebensverhältnissen der Menschen, mit ihren gesellschaftlichen Beziehungen, mit ihrem gesellschaftlichen Dasein auch ihre Vorstellungen, Anschauungen und Begriffe, mit einem Worte auch ihr Bewußtsein sich ändert?» [Er sagt ‹sich ändert› – nicht ‹gänzlich bestimmt wird›.]

Es ist ein großer Irrtum, wenn man die Wirkungen der Produktionsmethoden auf das *Leben* der Menschen und nicht nur auf ihren Lebensstandard übersieht oder unterschätzt:

Wie und was sie produzieren,

wo sie arbeiten, wo sie wohnen und mit wem sie zusammentreffen,

wie sie ihre Freizeit verbringen, was sie essen, atmen und sehen,

was sie denken und wie ihre Freiheit oder auch ihre Abhängigkeit aussieht.

Adam Smith gab sich keinen Illusionen über die Auswirkungen der Produktionsmethode auf den Arbeiter hin:

«Man gewinnt ein Verständnis für den größten Teil der Menschen zwangsläufig aus der Art ihrer gewöhnlichen Beschäftigung. Wer sein ganzes Leben damit verbringt, einige einfache Handgriffe zu tun . . . hat keine Gelegenheit, seinen Geist anzustrengen . . . Damit verliert er ganz selbstverständlich die Gewohnheit solcher Anstrengungen und wird gemeinhin so dumm und unwissend, wie ein Mensch es nur werden kann . . . Genau das aber ist in jeder fortgeschrittenen und zivilisierten Gesellschaft der Zustand, in den die werktätigen Armen zwangsläufig geraten müssen, wenn die Regierung keine Anstrengungen unternimmt, das zu verhindern.»

Marx merkt dazu an, daß

«eine gewisse Verkümmerung von Leib und Seele auch bei einer gesamtgesellschaftlichen Arbeitsteilung unvermeidbar ist. Da dies Prinzip allerdings bei der industriellen Fertigung . . . weit stärker befolgt wird und die Arbeitsteilung darüber hinaus durch die ihr eigene Einteilung den Einzelnen an den Wurzeln seines Lebens trifft, liefert sie als erste Material für eine industrielle Pathologie und läßt sie überhaupt erst entstehen.»

Zugleich zitiert er seinen Zeitgenossen D. Urquhart, der sagt: «Arbeitsteilung in letzter Konsequenz ist Mord an einem Volk.»

Doch es gibt Menschen, die nach wie vor glauben, das liege nicht an der Technik, sondern am System. Vielleicht hat ein bestimmtes System zu dieser Technik geführt, jetzt aber kann man es mit Händen greifen, daß das System, dem wir uns gegenübersehen, unvermeidliches Ergebnis der Technik ist. Beim Vergleich der Gesellschaften, die offensichtlich verschiedene Systeme haben, scheint eine überwältigende Zahl von Belegen darauf hinzudeuten, daß sie in einander sehr ähnlicher Weise handeln und einander täglich ähnlicher werden, sobald sie sich derselben Technik bedienen. Geisttötende Arbeit im Büro oder in der Fabrik verliert unter keinem System etwas von ihrer geisttötenden Eintönigkeit.

Daher schlage ich vor, daß, wer sich um eine *bessere* Gesellschaft, um ein *besseres* System bemüht, sein Tun nicht auf Versuche beschränken darf, den ‹Überbau› zu verändern – Gesetze, Vorschriften, Vereinbarungen, Steuern, öffentliche Wohlfahrt, Erziehungswesen, Gesundheitswesen und so weiter. Andernfalls könnte der Versuch, eine bessere Gesellschaft zu erkaufen, damit enden, daß man Geld in ein Faß ohne Boden schüttet. Wird die Basis – und das ist hier die Technik – nicht geändert, ist eine *wirkliche* Veränderung im Überbau nicht wahrscheinlich.

Man sagt mir: Wenn Sie mit Ihrer Mittleren Technik etwas ausrichten wollen, müssen Sie erst das System ändern, Kapitalismus und Gewinnstreben abschaffen, die Multis auflösen, alle Bürokratien zum Teufel jagen und das Erziehungswesen reformieren. Dazu kann ich nur sagen: Ich kenne keine bessere Möglichkeit, das System zu ändern, als die, daß ich eine *neuartige* Technik einführe – technische Verfahren, mit deren Hilfe kleine Leute produktiv und vergleichsweise unabhängig werden können.

Oder gibt es eine bessere Möglichkeit? Wenn ja, dann her damit. Noch mehr Verstaatlichung, noch mehr Wohlfahrtsstaat, noch höhere umverteilende Besteuerung? Eine Reform der Stadt- und Gemeindeverwaltungen? Eine andere Form der politischen Repräsentanz? Mehr Planung? Sicher, für all das gibt es gute Gründe, und wir haben bereits unser gerüttelt Maß davon erlebt. Je mehr man die Dinge ändert, desto mehr bleiben sie, wie sie sind – außer, wenn sie sich zum Schlechteren wenden.

Im achtzehnten und neunzehnten Jahrhundert wuchs die Technik ‹einfach so›, wie das Mädchen Topsy aus *Onkel Toms Hütte*. Sie wurde allerdings zunehmend zu einem Folgeprodukt der Naturwissenschaft, und zwar so sehr, daß die heutige Technik ihre Impulse in erster Linie von dorther bezieht. Es hat geradezu den Anschein, als messe man gegenwärtig den Wert der Naturwissenschaft hauptsächlich an den technischen Verfahren, die sie abwirft.

Wenn wir also mit der Naturwissenschaft beginnen, ließe sich vorab die Frage stellen: Wer bestimmt, was sie tut? Denn da es stets mehr Dinge gibt, die man untersuchen *könnte*, als solche, die man untersuchen *kann*, muß eine Auswahl getroffen werden. Wie aber geschieht das?

Den Neigungen der Wissenschaftler entsprechend? Ja, ohne Zweifel.

Den Interessen der Großunternehmer und der Regierung entsprechend? Ganz sicher.

Entsprechend dem, was ‹das Volk› wünscht und was ihm nützt? Im großen und ganzen nein!

Die Menschen haben recht einfache Bedürfnisse, und zu deren Erfüllung sind kaum zusätzliche Leistungen der Naturwissenschaft erforderlich. (Möglicherweise würde eine gänzlich andere *Art* von Wissenschaft den Menschen wirklich nützen, das ist aber eine ganz andere Angelegenheit.)

Geht man jetzt von der Wissenschaft zur Technik über, zeigt sich erneut, daß man weit mehr tun *könnte*, als man tun *kann*. Die Wahl ist unbegrenzt. Wer oder was entscheidet? Wissenschaftliche Ergebnisse können als Grundlage zahlreicher unterschiedlicher technischer Verfahren dienen oder in sie einfließen. Neue technische Verfahren aber werden nur dann entwikkelt, wenn Macht und Reichtum hinter der Entwicklung stehen. Anders gesagt: Die neuen technischen Verfahren werden nach dem Bilde des Systems geschaffen sein, aus dem sie hervorgehen, *und sie werden dies System verstärken*. Wird das System von riesigen Unternehmen beherrscht – ganz gleich, ob in privater oder öffentlicher Hand –, neigen wohl auch die neuen technischen Verfahren auf die eine oder andere Weise zum Gigantismus und sind für einen ‹durchschlagenden Erfolg› zu gigantischen Kosten vorgesehen. Das verlangt eine bis ins letzte gehende Spezialisierung, von der man sich eine große Wirkung erhofft – dabei spielt es keine Rolle, wie gewalttätig sie ist: «Wir wissen schon, wie wir mit den Auswirkungen fertig werden.» Wir hören immer wieder von ‹brandaktueller technischer Revolution›, vom Atomzeitalter, dem Zeitalter der Automatisierung, dem Raumfahrtzeitalter, von unvorstellbaren Großtaten der Ingenieure, von Triumphen der Überschalluftfahrt und ähnlichem – aber viele der grundlegendsten Bedürfnisse einer Vielzahl von Menschen, wie beispielsweise menschenwürdige Wohnungen, können nicht erfüllt werden.

Das beredteste Beispiel liefert selbstverständlich die am weitesten fortgeschrittene Gesellschaft der modernen Welt, die Vereinigten Staaten von Amerika. Das Durchschnittseinkommen pro Kopf liegt um mehr als das Doppelte über dem in Westeuropa, dennoch gibt es dort schlimmere Armut, als man sie in Europa je sehen wird. Die fünf oder sechs Prozent der Weltbevölkerung, die dort leben, verbrauchen etwa fünfunddreißig Prozent der Gesamtförderung an Rohstoffen auf der Welt – und trotzdem ist man dort nicht glücklich. An einigen Orten findet sich großer Reichtum, aber fast allenthalben gibt es äußerstes Elend, Erniedrigung, Hoffnungslosigkeit, Streit, Kriminalität, Flucht vor der Wirklichkeit und körperliche und psychische Gebrechen. All das ist einfach nicht zu übersehen. Wie ist so etwas möglich in einem Lande, das über mehr Rohstoffquellen verfügt, über mehr Wissenschaft und Technik, als je ein Volk in der Menschheitsgeschichte? Die Menschen stellen alles in Frage, jeden Teil des Überbaus – die Herrschaft der Finanzmagnaten, der ins Riesige gewachsenen Regierungsbürokratie, der Mammutuniversitäten. Ganz allmählich aber, zuerst nur zögernd, haben sie schließlich damit begonnen, die Grundlage all dessen in Frage zu stellen, nämlich die Technik selbst.

An verschiedenen Stellen haben sich Gruppen gebildet, die die Technik kritisch betrachten. Sie bewerten technische Entwicklungen hauptsächlich nach drei Gesichtspunkten:

Inwiefern machen diese technischen Verfahren sinnvollen (und das heißt bewahrenden) Gebrauch von Rohstoffquellen?

Welche Auswirkungen haben sie auf die Umwelt?

Wie wirken sie sich gesellschaftlich und politisch aus?

Das Großflugzeug Concorde hat dabei nicht besonders gut abgeschnitten. Man kam zu dem Ergebnis, daß es mit seltenen Rohstoffen verschwenderisch umgeht, für die Umwelt eine Belastung, ja sogar eine Gefahr darstellt und gesellschaftspolitisch bedeutungslos ist. Dennoch könnte man es als eine Großtat französischer und englischer Ingenieurskunst feiern.

Wir wollen einige der strukturellen Auswirkungen moderner Technik unter die Lupe nehmen. Über ihre Auswirkungen auf die Art der Arbeit haben wir uns bereits geäußert. Ich glaube, diese Technik ist die größte zerstörerische Kraft in der modernen Gesellschaft. Die Lage hat sich seit Adam Smith nicht gebessert. Im Gegenteil, die unaufhaltsame Ausmerzung schöpferischer Arbeit hat sich für den größten Teil der Bevölkerung noch verschärft.

Welchen Einfluß aber hatte die moderne Technik auf die *Siedlungsmuster der Menschen*? Diesem sehr aufschlußreichen Gegenstand wurde bisher kaum Aufmerksamkeit zuteil. Die Vereinten Nationen und die Weltbank legen Angaben über die Verstädterung vor, aus denen der jeweilige Bevölkerungsanteil hervorgeht, der in verschiedenen Ländern in Stadtgebieten (oberhalb einer bestimmten Größe) lebt. Bemerkenswert an diesen Angaben ist aber lediglich, daß sie ganz und gar am wirklich Bemerkenswerten vorbeizielen. Nicht das Ausmaß der Verstädterung ist der springende Punkt, sondern ihre *Art und Weise*, ihr Muster. Das

Leben der Menschen braucht die Stadt, damit es wirklich menschlich ist, aber der Mensch muß auch essen, er braucht Nahrungsmittel und andere Rohstoffe, die nicht in der Stadt, sondern nur auf dem Lande zu gewinnen sind. Jeder muß unmittelbaren Zugang zum Land *und* zur Stadt haben. Daraus ergibt sich als Ziel ein Besiedlungs*muster*, bei dem jedem ländlichen Gebiet eine größere Stadt so nah liegt, daß die Menschen an einem Tag hinfahren und wieder zurückkehren können. Vom menschlichen Standpunkt aus ist kein anderes Muster sinnvoll.

Die tatsächliche Entwicklung im Verlauf der letzten hundert Jahre ging genau in die entgegengesetzte Richtung: Man hat die ländlichen Gebiete zunehmend vom Zugang zu solchen Städten abgeschnitten, die für sie eine Bereicherung hätten darstellen können. Im Siedlungsmuster ist es zu einer ungeheuerlichen und äußerst krankhaften Polarisierung gekommen. Die französischen Planungsexperten kämpfen gegen die Aussicht, daß Frankreich zu einem ‹von einer Wüste umgebenen Paris› wird, in den Vereinigten Staaten hat man den Begriff der ‹Megalopolis› geprägt, um die riesigen von Stadtgebieten überwucherten Landesteile zu bezeichnen. Während sie entstanden, bluteten gleichzeitig kleine und mittlere Landstädte aus. So gibt es beispielsweise Boswash, städtische Ausläufer, die sich von Boston bis Washington D. C. erstrecken, oder auch Sansan von San Francisco bis San Diego. Selbst in der Bundesrepublik Deutschland, die nun wirklich ein dichtbesiedeltes kleines Land ist, zeigt sich ein ausgesprochen einseitiges Besiedlungsmuster, bei dem ein großer Teil des zur Verfügung stehenden Landes nur dünn besiedelt ist und dann wieder auf große Strecken hin die Menschen dicht an dicht aufeinandersitzen: So im Rhein-Main-Dreieck, im Großraum ‹Stuttgart-Mittlerer Neckar› und im Rheinisch-Westfälischen Industriegebiet.

Wer erinnert sich noch an die Forderung, die vor über hundert Jahren im Kommunistischen Manifest erhoben wurde?

«Vereinigung des Betriebs von Ackerbau und Industrie, Hinwirken auf die allmähliche Beseitigung des Unterschieds von Stadt und Land.»

Was ist in diesen mehr als hundert Jahren geschehen? Selbstverständlich das genaue Gegenteil. Und was soll während der nächsten fünfundzwanzig Jahre, bis zum Ende unseres Jahrhunderts, geschehen? Wiederum das genaue Gegenteil. Es wird wie bisher weitergehen, nur schlimmer. Nicht um Verstädterung geht es, sondern, um es mit einem Wort zu sagen, das genau so schrecklich ist wie die Sache, die es beschreibt: um eine *Megalopolitanisierung*, die, wir wissen es nur zu gut, ganz und gar unlösbare Probleme in Politik, Gesellschaft, Wirtschaft sowie moralischer und psychologischer Art schafft.

Eine von der Weltbank herausgegebene Veröffentlichung spricht von einer

Hoffnungslosigkeit angesichts der Aufgabe, in den Entwicklungsländern die Lebensbedingungen in den Städten zu verbessern. Sie rührt hauptsächlich aus der Geschwindigkeit her, mit der die Städte wachsen, sowie aus dem Mangel an menschlichen und wirtschaftlichen Mitteln, die dem abhelfen könnten.

Die Stadtverwaltungen sind nur in beklagenswert geringem Umfang in der Lage, die Probleme zu lösen . . .

Und dabei wird in weniger als zwanzig Jahren die Zahl derer, die heute in den Städten wohnen, und die von ihnen beanspruchte Fläche mehr als das Dreifache der heutigen Zahl und Fläche betragen.

In der Studie wird die Frage gestellt, ob es möglich sei, «die Entwicklung von Klein- und Mittelstädten zu beschleunigen oder neue Zentren städtischen Wachstums ins Leben zu rufen». Aber sie verneint diese Möglichkeit sehr rasch:

Den meisten kleinen städtischen Zentren . . . fehlt die grundlegende Infrastruktur auf dem Gebiet des Verkehrs und der öffentlichen Dienstleistungen . . . Verwaltungs- und andere Fachkräfte lassen sich ungern aus den Großstädten weglocken.

Damit ist das ganze Problem auf den Punkt gebracht: Fachkräfte aller Berufsgruppen weigern sich, die Großstädte zu verlassen! Offensichtlich handelt es sich um eine Technik, die sich so entwickelt hat, *daß sie nur in eine sehr große Stadt paßt.* Die Menschen in der Kleinstadt haben das Nachsehen; Fachkräfte für Verwaltung und andere Gebiete müssen aus Großstädten geholt werden, niemand will kommen, denn der ganze Vorschlag ist wirtschaftlich nicht durchdacht. Die Technik ist unangemessen, und damit ist das ganze Projekt unwirtschaftlich.

Wer so heißt wie ich, kann gut verstehen, daß jemand, der ein guter Schuhmacher sein will, nicht nur möglichst viel darüber wissen muß, wie man Schuhe macht, sondern auch möglichst viel über die Füße. Der Schuh, der für einen großen Fuß gemacht wurde, paßt nicht an einen kleinen. Er braucht einen anderen Schuh, *keinen minderwertigen*, sondern einen, der die richtige Größe hat. Allgemein gesagt macht die Technik gute Schuhe nur für große Menschen. Sie ist auf Massenproduktion eingestellt, sie ist ungeheuer raffiniert und ausgesprochen kapitalintensiv. Selbstverständlich paßt sie damit nur in die größten Städte und Ballungsgebiete oder in deren unmittelbare Nachbarschaft.

Die einfache Lösung für diese Schwierigkeit scheint vielen Menschen noch nicht aufgegangen zu sein. Sie heißt: Wir wollen zumindest einen kleinen Teil unserer geistigen und sonstigen Möglichkeiten einsetzen, um eine Technik zu schaffen, die für kleinere Orte *angemessen* ist.

Unglaubliche Beträge werden für den Versuch aufgewendet, mit dem unaufhaltsamen Wachstum riesiger Ballungsräume Schritt zu halten, und für den Versuch, ‹Entwicklungsgebieten› neues Leben einzuhauchen. Doch sagt jemand, man solle etwas mehr Geld für die Schaffung technischer Verfahren bereitstellen, *die den jeweiligen Bedingungen der Entwicklungsgebiete* angemessen sind, bekommt er den Vorwurf zu hören, er wolle die Menschheit ins Mittelalter zurückführen.

Doch läßt sich eines mit Gewißheit sagen: Werden keine angemessenen technischen Verfahren für eine wirksame Produktion *außerhalb* der großen Stadtgebiete geschaffen, wird die zerstörerische Tendenz der immer größeren Zusammenballung im Verein mit alldem weitergehen, was das gesellschaftlich, politisch, moralisch, mit Bezug auf die Umwelt und die Rohstoffquellen bedeutet.

Nachdem wir die Auswirkung der modernen Technik auf die Art der Arbeit und das Muster der Ansiedlungen betrachtet haben, wollen wir uns jetzt einem dritten, einem hochpolitischen Beispiel zuwenden, ihrer Auswirkung auf die Freiheit des Menschen. Ohne Zweifel ist das ein delikates Thema. Was ist Freiheit? Statt uns auf lange philosophische Betrachtungen einzulassen, fragen wir einfach die mehr oder weniger aufrührerischen jungen Leute, was sie erstreben.

Ihre Unzufriedenheit äußert sich unter anderem in folgenden Erklärungen:

> Ich möchte mich nicht an der täglichen Jagd nach Geld unter Leistungsdruck beteiligen müssen.
> Ich lehne die Versklavung durch Maschinen, Bürokratien, Langeweile und Häßlichkeit ab.
> Ich will kein geistloser Roboter und kein Pendler sein.
> Ich will nicht das bloße Bruchstück einer Person sein.
> Ich möchte auf eigenen Füßen stehen.
> Ich möchte (vergleichsweise) einfach leben.
> Ich möchte mit Menschen zu tun haben, nicht mit Masken.
> Es kommt auf die Menschen, auf die Natur, auf Schönheit an, auf das Ganze.
> Ich möchte mich für etwas *einsetzen* können.

All das bezeichne ich als Wunsch nach Freiheit.

Warum ist uns so viel Freiheit abhanden gekommen? Einige sagen, nichts sei verlorengegangen, nur die

Menschen verlangten mehr als zuvor. Wie auch immer das aussieht: Es klafft bei diesem äußerst wertvollen Gut, der Freiheit, eine Lücke zwischen Angebot und Nachfrage. Hat die Technik etwas damit zu tun? Sicherlich hat die Größe und Komplexität von Organisationen viel damit zu tun. Woher kommt die in den letzten hundert Jahren ständig zunehmende Tendenz zu immer größeren Einheiten? Niemandem, von wenigen monomanen Finanzmagnaten abgesehen, sagen sie zu. Warum also müssen wir sie um uns dulden? Die stets gleichbleibende Antwort lautet: Wegen des technischen Fortschritts.

Das heißt nicht, daß wir jetzt der Technik entsagen müßten, aber wir sollten uns darüber klarwerden, daß wir an irgendeiner Stelle den falschen Weg eingeschlagen haben. Ich gehe davon aus, daß die Technik zu der Zeit, als den Industrienationen fossile Brennstoffe praktisch nachgeworfen wurden, an vier Stellen eine falsche Richtung eingeschlagen hat.

Als erstes wäre hier die Neigung zu nennen, alles immer noch größer zu machen. (Wir sprechen in diesem Zusammenhang von wachstumsorientierten Wirtschaftssystemen.) Das gilt selbstverständlich auf der Organisationsebene, doch auch im reinen technischen Bereich werden die Anlagen immer größer. Die im neunzehnten Jahrhundert üblichen Ziegeleien stellten zehntausend Ziegel pro Woche her. Der Ausstoß hatte sich bis zur Jahrhundertwende auf hunderttausend Ziegel pro Woche gesteigert und beträgt heute im Normalfall zwischen einer und zwei Millionen Ziegel pro Woche. Das ist die eine Richtung hin zum Gigantismus.

Doch zweitens besteht ein Hang dazu, alles immer mehr zu komplizieren, es bewußt immer komplizierter zu *machen*. Es ist verblüffend, wie kompliziert manche Dinge sind und welches Maß an Erfindungsgabe dazu auf recht alltägliche Gegenstände verwendet wird. Ich habe es zwar noch nicht selbst gesehen, aber man hat mir berichtet, daß man, um ‹in› zu sein, eine bestimmte Zahnpasta kaufen soll, bei der nach Druck auf die Tube die Paste in drei verschiedenen leuchtenden Farben herauskommt. Das Ganze ist so raffiniert gemacht, daß die Farben sich nicht einmal vermischen, so daß es aussieht, als käme eine Fahne heraus . . . Drei Farben. Neulich fuhr ich in einem Auto mit und fand etwas für das Kind, das in jedem Manne steckt. Ich brauchte mich nicht etwa dazu herablassen, eine Kurbel zu drehen, um das Fenster zu betätigen, sondern konnte einen Knopf drücken. Es war gar nicht einfach, den Knopf zu finden, mit dem das geschlossene Fenster dann wieder zu öffnen war.

Wozu dieser Aufwand? Das Ganze ist eine Art Krankheit. Auch wenn es keine Kostenfrage ist, kann man nur dann vermeiden, daß die Produktion sehr kostspielig wird, wenn man sie hirnlosen Maschinen überläßt, und zwar solchen, die alles in Massen herstellen. Selbstverständlich wird etwas um so öfter defekt, je komplizierter es ist. Was geschieht dann? Man kann es unmöglich selbst reparieren, denn dazu ist es zu kompliziert. Also bringt man es in die Werkstatt, und die Reparatur kostet vielleicht dreihundert Mark. Außerdem steht der Wagen möglicherweise mehrere Tage nicht zur Verfügung.

Im Winter reiste ich mit einem Bekannten, der einen wunderschönen Mercedes fuhr, durch Deutschland. Die Fensterautomatik war defekt, so daß alle Fenster in verschiedenen Stellungen stehengeblieben waren.

Er fuhr von Werkstatt zu Werkstatt, aber niemand wurde schlau aus dem System. Also mußte er den ganzen Winter hindurch den eisigen Wind ertragen, der durch die Fenster blies, bis er schließlich im Frühjahr jemanden fand, der die Anlage für sechshundert Mark reparierte. Steht das alles in einem vernünftigen Verhältnis dazu, daß man keine Kurbel mehr zu drehen braucht?

Wir machen uns darüber lustig, aber in Wirklichkeit handelt es sich dabei um eine sehr ernste Angelegenheit – nämlich darum, daß die ursprünglich vom Menschen geschaffene Technik sich ihm gegenüber verselbständigt hat. Die Menschen, jedenfalls eine Vielzahl von Menschen, hat sie zu plappernden Papageien degradiert, die mit großem Aufwand die Dinge immer komplizierter machen. Und sobald sie etwas gefunden haben, was ‹machbar› ist, ganz gleich, wie sinnlos oder gefährlich es sein mag, wie beispielsweise die Concorde oder die Atomenergie, rufen sie eine Art Mafia ins Leben, die dafür sorgt, daß es auch gemacht wird.

Der dritte Punkt hängt mit dem ersten und zweiten zusammen. Es ist alles so kapitalintensiv geworden, daß man schon ziemlich reich und mächtig sein muß, bevor man etwas unternehmen kann. Das ist auch wieder eine sehr ernste Angelegenheit. Nehmen wir einmal, und das ist keineswegs das herausragendste Beispiel, die Landwirtschaft. Dort gibt es hochwissenschaftliche und stark auf die Verwendung von Chemikalien ausgerichtete Verfahren, die man bei sehr großen Anbauflächen anwendet. Dabei ist es eine bekannte Tatsache, daß jemand, der von seinem Land so leben will, daß er und seine Familie existieren können, außergewöhnlich klug und fleißig sein muß, um sich ein sehr bescheidenes Leben zu ermöglichen. Aber die Forschung ist in die entgegengesetzte Richtung gegangen, hin zu immer größerem Kapitalbedarf. Wenn einer einen landwirtschaftlichen Betrieb im üblichen Rahmen gründen will, muß er auch dann ziemlich reich sein, wenn er von der Richtigkeit des üblichen Rahmens überzeugt ist, denn das Ganze ist sehr kapitalintensiv. Damit werden immer mehr Menschen von der Landwirtschaft ausgeschlossen. Das trifft natürlich die armen Länder am härtesten, die merken, daß sie die meisten Dinge eben wegen des erforderlichen Kapitaleinsatzes nicht tun können. Eine Mittlere Technik, die ohne dies Kapital auskäme, steht nicht ohne weiteres zur Verfügung, also stehen sie ‹draußen vor der Tür›. Man sagt ihnen dann, sie sollen einfach weiterhin von den reichen Ländern kaufen. Und so heißt «Entwicklung» für sie, nicht unabhängiger, sondern immer abhängiger zu werden.

Den vierten Gesichtspunkt dieser technischen Entwicklung möchte ich Gewalttätigkeit nennen. Betrachtet man die Dinge von diesem Standpunkt aus und engt man den Begriff Gewalttätigkeit nicht auf den Krieg zwischen Menschen ein, erkennt man – und Ökologen haben das bestätigt –, daß ein immer heftigerer Krieg gegen die Natur geführt wird. Ihm entspricht eine parallel dazu verlaufende gewalttätige Haltung, die beispielsweise glaubt, die Wissenschaft könne alle Probleme lösen. Also darf man einfach draufloshandeln und immer mehr Gifte auf dieser dünnen Schicht rund um die Weltkugel verbreiten, von der alles Leben abhängt. Sollte es zu unerwünschten Nebenwirkungen kommen, wird die Wissenschaft die Sache in die Hand nehmen. Nehmen wir beispielsweise die Medizin: Auch die ist durch immer mehr Gewalttätigkeit gekennzeichnet. Aus eigener sehr trauriger Erfahrung in meiner Familie weiß ich, daß die Zahl der Menschen, die nicht ihren Krankheiten zum Opfer fallen, sondern den ihnen verordneten Heilverfahren, sehr groß ist und daß der angerichtete Schaden sich nur allzuoft nicht wiedergutmachen läßt. Im Gegensatz dazu wird die Prophylaxe in der Medizin nach wie vor nahezu gänzlich vernachlässigt. Ein ausgesprochen kluger Mensch stellte einmal die Frage, was wohl einen Vorfahren aus grauer Vorzeit, wenn er uns besuchen könnte, mehr erstaunen würde: das Geschick unserer Zahnärzte oder der schlechte Zustand unserer Zähne? Diese wirklich treffende Formulierung impliziert die Aussage, daß wir ohne das Geschick unserer Zahnärzte nicht mehr auskämen. Wir müssen geradezu dankbar sein, eben weil unsere Zähne so schlecht sind. So schaukeln sich die Dinge gegenseitig hoch: Unsere Zähne werden immer schlechter, daher sind wir unseren Zahnärzten immer dankbarer. Bei einer gewaltlosen Grundhaltung würde man alle menschliche Intelligenz für die Lösung der Frage aufbieten, warum unsere Zähne so schlecht sind.

Wenn ich damit eine Entwicklung richtig deute, die im vorigen Jahrhundert ihren Ausgang genommen hat – immer größer, immer komplizierter, immer kapitalintensiver und immer gewalttätiger –, wäre daraus der Schluß abzuleiten, daß die Befreiung von dieser Entwicklung in der entgegengesetzten Richtung gesucht werden muß. Doch sie läßt sich nicht zwangsläufig darin finden, daß man *zurückgeht*, denn im Verlauf eines Jahrhunderts wurden auf dem einzigen Gebiet, auf dem sich Wissen ansammeln kann, dem der Naturwissenschaften – die sich ja eigentlich mit toter Materie beschäftigen –, große Fortschritte gemacht. Und was man im neunzehnten Jahrhundert nicht ohne weiteres einem menschenwürdigen Maßstab gemäß zu tun vermochte, *können* wir heute in einem menschenwürdigen Maßstab tun, allerdings nur dann, wenn man die Ingenieure nicht ihr ganzes Leben hindurch so beeinflußt und ausbildet, daß sie diese Möglichkeit gar nicht mehr wahrhaben wollen. Man kann die Dinge kleiner und überschaubarer machen, nicht alle, aber doch immerhin die, um die es bei den Grundbedürfnissen des Menschen geht.

Zweitens kann man vieles in weit einfacherer Weise tun, als es bei uns üblich ist. Jeder drittklassige Ingenieur kann eine komplizierte Anlage noch komplizierter machen. Aber um den Weg zurück zu den Grundlagen zu finden, die im Normalfall recht einfach sind, braucht man eine gewisse Genialität. Ich sage nicht, daß der liebe Gott die Welt überall einfach eingerichtet hat, keineswegs – er hat alles schon recht gut verteilt, so daß wir wachbleiben und unser Gehirn anstrengen müssen . . . Aber bestimmt nicht so, wie wir das jetzt tun. Wenn wir einmal richtig darüber nachdenken, werden wir unterscheiden lernen, was wesentlich ist und was nahezu krebsartige Auswüchse sind, *nahezu* krebsartige. Wer so denkt, und sich moderne Werkzeugmaschinen ansieht, lernt zwischen dem *Werkzeug* und der Werkzeugmaschine unterscheiden. Werkzeug sollte selbstverständlich so gut sein, wie menschliche Erfindungsgabe es nur erschaffen kann, und dann ist es normalerweise sehr einfach.

Macht man sich dann drittens klar, daß der ungeheure Kapitalbedarf zu einer Ausschließlichkeit führt, die mit allen Vorstellungen von Gerechtigkeit oder Gleichheit völlig unvereinbar ist, wird man systematisch bemüht sein, billigere Möglichkeiten zu finden. Ich sprach zuvor von dem Kind in jedem Manne, das mit technischen Dingen spielen will. Vermutlich gilt Ähnliches auch für Frauen. Ich jedenfalls kenne nichts Schöneres als Werkzeug. Eigentlich muß ich mich immer zur Ordnung rufen, damit ich nicht allerlei Werkzeug kaufe, und muß mir immer wieder sagen, daß ich bestimmt keine Zeit haben würde, es zu benutzen. Aber ich habe gern gutes Werkzeug um mich – ich habe all mein Werkzeug in meinem Arbeitszimmer . . . Im Werkzeug steckt wirkliche Intelligenz. Eine Maschine? Sie mag durchaus ein Werkzeug sein, aber sie ist kein Hand-Werkzeug, sie wird von einem hirnlosen Mechanismus betätigt. Und diese Mechanismen werden immer größer und komplizierter und immer mehr auf Massenfertigung hin eingerichtet. Damit aber werden sie ungeheuer kostspielig.

Henry Ford gründete die Ford Motor Company mit einem Barkapital von knapp dreißigtausend Dollar. Der Dollar hat viel von seinem damaligen Wert verloren – setzen wir ihn mit einem beliebigen Bruchteil davon an: einem Drittel, einem Viertel, sagen wir einem Fünftel. Das wären heute also einhundertfünfzigtausend Dollar. Für den Betrag kann man an einem modernen Auto nicht einmal eine einzelne *Schraube* ändern. Die Einführung eines neuen Modells kostet gegenwärtig dreihundert Millionen Dollar und dauert vier Jahre. Wer kann sich das leisten? Ich könnte es nicht.

Als aber Ford sein Unternehmen gründete, war ungewiß, ob die Dampfmaschine nicht besser war als der Ottomotor: Er hätte in kürzester Zeit vom Ottomotor auf die Dampfmaschine überwechseln können, ohne daß es jemandem etwas ausgemacht hätte, und mit äußerst geringen Kosten. Können wir nicht in diese Richtung zurückblicken? Können wir nicht verstärkt an *Werkzeug* denken und lernen, es von Maschinen zu unterscheiden, Einrichtungen schaffen, in denen Menschen produktiv werden können, die von Dingen etwas verstehen und die auf diese Weise äußerst fruchtbare Ergebnisse zu erzielen imstande sind?

Und wenn sich viertens die Dinge zur Gewalttätigkeit hin entwickelt haben, müssen wir in die Richtung der Gewaltlosigkeit blicken. Mit Gewaltlosigkeit sind in diesem Zusammenhang Produktionsmethoden gemeint, die die Umwelt achten und bewahren, die mit der Natur arbeiten, statt mit Gewalt Schneisen durch natürliche Systeme zu schlagen, immer im Glauben, unbeabsichtigter Schaden und unvorhergesehene Nebenwirkungen ließen sich stets durch weitere gewaltsame Eingriffe beseitigen. Nur zu oft löst man eine Schwierigkeit dadurch, daß man neue von anderer Art schafft. Arme Gesellschaften können sich diese Art von Gewalttätigkeit nicht leisten. Es ist im übrigen sehr fraglich, ob die reichen Gesellschaften sie sich noch lange werden leisten können.

Möglicherweise sprechen diese vier Gesichtspunkte oder Leitlinien für eine neue technische Forschung und Entwicklung nicht jeden an. Zu ihren Gunsten aber läßt sich anführen, daß sie aus der praktischen Arbeit entstanden sind und nicht aus der Theorie. Die Erfahrung lehrt, daß immer dann, wenn Überschaubarkeit, Einfachheit, geringer Kapitalbedarf und Gewaltlosigkeit oder auch nur eines dieser Ziele erreichbar ist, für einzelne Menschen oder Menschengruppen neue Möglichkeiten geschaffen werden, sich selbst zu helfen. Sogleich zeigt sich, daß die aus solchen technischen Verfahren hervorgehenden Muster menschlicher, umweltgerechter, den wirklichen menschlichen Bedürfnissen näher und weniger von fossilen Brennstoffen abhängig sind als solche Muster (oder Lebensweisen), die durch zum Gigantismus, zur Kompliziertheit, Kapitalintensität und Gewalttätigkeit neigende technische Verfahren bestimmt werden. Wer diese Leitlinien zurückweist, muß ein neues Angebot machen, denn ohne solche oder ähnliche Kriterien kann die Suche nach anderen Möglichkeiten nicht vor sich gehen, ja nicht einmal beginnen.

Das nun ist in der Tat eine schwierige Aufgabe. Je eher wir sie systematisch in Angriff nehmen, desto besser. Ich freue mich, daß viele Menschen damit anfangen oder sogar schon seit einigen Jahren in dieser Richtung tätig sind. Wir müssen jetzt angesichts unserer schwachen Kräfte darauf achten, daß wir nicht alle das Rad noch einmal erfinden, jeder für sich, sondern in Beziehungen eintreten, bei denen wir voneinander lernen können, so daß der eine von den Erfahrungen des anderen profitiert.

Ich will ein Beispiel für eine wirkliche Aufgabe, für gewaltlose Technik, geben. Der Präsident von Sambia bat mich, sein Land zu besuchen, und er empfing mich im Regierungsgebäude. Dort saß er mit einem Bündel Papiere in der Hand, umgeben von seinen Ministern, stellte mich rasch vor und sagte: «Wir haben Sie hergebeten, weil wir gern wissen möchten: Was sollen wir tun? Ich habe dem Land unseren Fünfjahresplan eingehämmert, jedem gesagt, das ist jetzt unsere Bibel» – und dann warf er mit einer großartigen Handbewegung die Papiere zu Boden und sagte: «Mir ist jetzt klar, daß das die falsche Bibel war.»

Was stimmt daran nicht? Dieser Plan berücksichtigt nur die Städte um den Kupfergürtel und die Hauptstadt Lusaka, während er große Landgebiete einfach ausläßt. Einer der Punkte, denen die Regierung von Sambia besondere Aufmerksamkeit zuwandte, war die Verbesserung der Ernährungslage: Zwar verhungert dort niemand, aber viele Menschen sind wegen der sogenannten Eiweißlücke unterernährt. Der Schlachtruf zur Schließung dieser Eiweißlücke hieß: «Täglich ein Ei für jeden Sambier.» Die Bemühungen, die Kapazitäten zur Eiererzeugung zu vergrößern, waren auch recht erfolgreich. Ich habe zahlreiche dieser Bauern besucht und gesehen, wie sie über ihren Eiern weinten, die den Boden dieser Schuppen vollständig bedeckten. «Was ist denn hier los, brütet ihr die Eier neuerdings aus, oder was ist?»–«Nein, wir haben keine Eierkartons, um sie auf den Markt zu bringen. Wir bekommen keine Eierkartons mehr. Früher kamen sie aus Südafrika, Großbritannien und Amerika, und jetzt können wir mit den Eiern nichts anfangen. Wir können sie doch nicht in der Hosentasche zum Markt bringen. Was sollen wir nur tun, sie werden uns doch schlecht.»

Leichthin, wie das so meine Art ist, sagte ich: «Warum macht ihr denn nicht selber Eierkartons in Sambia?» Selbstverständlich wußte niemand in Sambia, wie man Eierkartons macht, ich auch nicht. Daher stellten wir Nachforschungen an, sobald ich wieder in London war. Dabei zeigte sich, daß eine multinationale Gesellschaft praktisch alle Eierkartons auf der ganzen Welt herstellt. Wir setzten uns mit der europäischen Tochter dieses Unternehmens in Verbindung, und dort erfuhren wir: «Kein Problem! Wir bauen einfach eine Fabrik in Lusaka – wieviel brauchen die denn dort?» – «Nun, überschlägig gerechnet etwa eine Million pro Jahr. Die Bevölkerung ist sehr klein, sie stehen gerade am Anfang der Entwicklung.»

Es folgte eine lange Pause . . . «Lassen Sie es gut sein. Die kleinste Maschine macht eine Million pro Monat. Wenn Sie nicht irgendwie einen gesamtafrikanischen gemeinsamen Markt für Eierkartons einrichten und Straßen bauen können, auf denen die Lastwagen die Kartons dann aus Lusaka in die ländlichen Gebiete bringen . . .» Daraufhin sagte ich: «Das ist aber doch das genaue Gegenteil von Hilfe, das genaue Gegenteil von Entwicklung, wenn man sie einfach auf den Außenhandel verweist, auf Einfuhren. Warum bauen Sie nicht einfach eine kleine Fabrik?» – «Nein, nein, wir werden zwar oft dazu aufgefordert, aber unsere Ingenieure sagen, daß das ein völlig unwirtschaftliches Projekt wäre.»

Es war nichts zu machen. Wir holten uns einen jungen Mitarbeiter und stellten ihm zwei Aufgaben: Erstens sollte er den Eierkarton, den wir für kaum geeignet hielten, neu entwerfen. (Das multinationale Unternehmen macht zwar offenbar ein Bombengeschäft, hat aber allem Anschein nach keinen besonders guten Konstrukteur. Stellt man die vollen Eierkartons aufeinander, schwankt der ganze Stapel in alle Himmelsrichtungen, so daß man die Kartons zum Versand zusätzlich in Lattenverschläge packen muß, und das ist sehr teuer.) Diese Entwurfs-Aufgabe übertrugen wir dem Royal College of Art in London, und binnen sechs Wochen hatten wir den perfekten Entwurf, eine ganz und gar stabile Konstruktion – man brauchte die Kartons nur mit Packband zu verbinden und konnte sie so versenden, ohne daß auch nur ein Ei zu Bruch ging.

Die zweite Aufgabe war schon schwieriger: Es sollte eine Kleinstfabrik zur Fertigung dieser Kartons gebaut werden. Wir machten uns gemeinsam mit der ingenieurwissenschaftlichen Abteilung der Universität von Reading an die Lösung der Aufgabe und gingen dabei auf ihre Grundprobleme zurück, taten, was jede Gruppe von Problemlösern tut – wir fingen nicht dort an, wo andere bereits angekommen waren. Die Leute in Reading bauten die Versuchsanlage, für die wir einen kleinen Hersteller fanden. Die Kapazität dieser Fabrik beträgt zwei Prozent dessen, was die bis dahin kleinste Anlage leistete, und es waren auch nur zwei Prozent der Kapitalkosten erforderlich. Dabei erfüllt sie alle Anforderungen. Und wie reagierte nun der Riesensaurier, das multinationale Unternehmen, vor dem so viele meiner jungen Kollegen Angst haben? Man sagte dort: «Wissen Sie, wir würden gern der König der Eierkartons bleiben – das ist unser Lebensziel. Wir sind zu dem Ergebnis gekommen, daß wir die kleine Lösung nicht schaffen – könnten wir uns nicht irgendwie einigen?» Man schlug uns vor, daß unterhalb einer bestimmten Umsatzschwelle der Markt uns gehören sollte und darüber den anderen. Als Lohn dafür, daß sie weiterhin der König der Eierkartons bleiben dürfen und daß kleine Fürsten wie ich sie nicht dabei stören, ließen sie uns an ihrem Wissen teilhaben, was die schwierigste Seite der Sache betraf, nämlich die Form, die den Eierkarton preßt. Damit entwickelte sich zwischen dem Wal und der Sardine eine gesunde Zusammenarbeit.

Ich will nur diesen einen Fall anführen, doch ich

könnte noch viele nennen. Niemand soll denken, daß es sich dabei um eine Utopie handelt: Es ist Wirklichkeit. Es geht. Und wenn ich auch nicht damit sagen will, daß wir eine vereinfachte Technik dafür entwikkeln sollen, wie man Menschen auf den Mond schießt, sage ich doch, daß sich nach unserer Erfahrung diese Vereinfachung bei allen wirklichen Bedürfnissen des Menschen durchsetzen läßt. Wenn wir nicht auf dem Mond landen, wird der Verlust sich verschmerzen lassen. (Ich selbst fand das Programm anfangs ganz gut und hatte schon eine ziemlich lange Liste von Anwärtern. Als ich aber erfuhr, daß sie alle wiederkommen würden, erschien mir das Ganze nicht mehr so sinnvoll.)

Das sind nur einige Dinge, von denen ich weiß, daß man sie tun kann, und die jetzt getan werden müssen. Dazu bedarf es systematischer Arbeit. Ich glaube nicht, daß dafür ein großer Teil der Mittel nötig ist, die einer reichen Gesellschaft zu Gebote stehen. Ich würde schätzen, daß fünfundneunzig Prozent der Forscher und Entwickler ihr Spiel wie zuvor spielen können, aber fünf Prozent müßte man im Hinblick auf die Zukunft anders einsetzen. Natürlich will ich mit diesen Zahlen keine festen Werte vorgeben – mir wäre ein günstigeres Verhältnis lieber. Ich will damit nur zeigen, wie bescheiden meine Vorschläge sind. Im Normalfall sind kleine Beträge schwerer auf die Beine zu bringen als große.

All das ist nicht lediglich ein Gespinst aus Theorien, wenn auch alles mit einer Theorie beginnen muß. Hinter diesen Aussagen steht Arbeit, die geleistet wurde, mehr als zehn Jahre lang und an vielen Orten der Welt, auch im Vereinigten Königreich von Großbritannien, wo Menschen sagen, daß sie eine andere Technik brauchen. Das bedeutet nicht Rezession. Wir stehen am Ende einer Epoche. Die Arbeitslosigkeit steigt. Wer jetzt seine Arbeit verliert, wird nicht automatisch wieder in die kapitalaufwendigen Arbeitsplätze eingegliedert. Was soll aus diesen Menschen werden? Während die Arbeitslosigkeit steigt, werden zugleich die Haushaltsansätze des Regierungsbudgets beschnitten. Eine Vielzahl wichtiger Aufgaben bleibt ungetan. Wir warten nicht mehr auf Godot, denn Godot kommt ohnehin nicht. Mit anderen Worten, wir warten nicht länger auf die Zentralregierung. Wir wollen auf unseren eigenen Füßen stehen und im Rahmen unserer Gemeinschaft tun, was zu tun ist. Diese Art von Besinnung auf sich selbst gewinnt langsam an Boden, und die Menschen fangen an, sich darüber klarzuwerden, daß man alle intellektuellen Anstrengungen auf die Erfindung einer auf die jeweiligen Gegebenheiten zugeschnittenen Technik richten muß, wenn man etwas in diesem Sinne erreichen will.

Kürzlich sah ich einen Film über Gandhis Besuch in England im Jahre 1930. Er ging in Southampton von Bord und wurde bereits auf der Gangway von Journalisten umringt. Einer von ihnen fragte: «Mister Gandhi, was halten Sie von moderner Zivilisation?» Mister Gandhis Antwort lautete: «Das wäre eine feine Sache.» Ich glaube, die Zeit ist jetzt gekommen, diesen guten Gedanken in die Tat umzusetzen.

Wer sich bewußt diesen vier Richtungen verschreibt – und er sollte dabei bedenken, daß er möglicherweise nicht in allen vieren zugleich tätig sein kann –, vermag auch die Unterstützung solcher Menschen zu gewinnen, die in wilder Panik geradezu in die Gegenrichtung stürzen, da sie alle etwas kopflos sind. Sagt man allerdings dem anderen, was er tue, sei schrecklich, und macht alles einfach herunter, darf man nicht auf besonders gute Zusammenarbeit hoffen. Doch kann man, wenn schon nicht die Organisationen, so doch zumindest die Menschen in ihnen davon überzeugen, daß etwas geschehen muß, daß eine Neuorientierung möglich ist und sie die Mittel dazu in der Hand haben, ohne übermäßige Belastung das Erforderliche zu tun.

Ich benutze zur Erläuterung immer das Bild eines Rettungsbootes. Beispielsweise habe ich die Inhaber einiger landwirtschaftlicher Großbetriebe in England dazu überredet, sich ein Rettungsboot zuzulegen, nämlich einen Teil des Landes abzutrennen, den sie nicht zu ihrem Lebensunterhalt brauchen. Sie sollen ihn mit fünfundneunzig Prozent ihres Bodens verdienen und fünf Prozent als eine Einheit für organischen Anbau oder als Versuchseinheit behandeln, um zu sehen, ob sie ihre Abhängigkeit von einer sehr verwickelten und verwundbaren Industrie nicht verringern können. Nach einer gewissen Überredung stimmen selbst solche Leute zu und versuchen es. Dann zeigt sich, daß es schwer ist, Leute zu finden, die die Arbeit erledigen, weil wir niemanden haben, der in Fragen des nichtchemischen Anbaus ausgebildet ist. Und selbstverständlich ist das jetzt schwerer als vor fünfzig Jahren, weil wir durch die genormte Ackerwirtschaft, die Chemikalien, die praktisch ohne Rücksicht auf die Qualität des Bodens eingesetzt werden, unser früheres Wissen verloren haben. Nein, für diesen Boden nimmt man das und für den da hinten jenes, weil sonst eine Insektenplage ausbricht. Warum sich aber um Insektenplagen kümmern? Dagegen nehmen wir Insektizide. Und dann wieder würde zuviel Unkraut auftreten . . . Warum sich darum Sorgen machen? Wir haben doch Unkrautvernichtungsmittel und so weiter. Oder, das hier ist ein karger und das da ein fetter Boden – warum einen Unterschied machen? Wozu gibt es denn Chemikalien? Die Pflanzen wachsen nicht mehr aus dem Boden, sondern aus den Chemikalien.

Mit dieser Haltung, dieser Normierung und Standardisierung ist weithin das Wissen davon verlorengegangen, wie man mit dem Boden zusammenarbeitet. Man muß es wiedererlangen. Das ist jetzt zwar weit schwieriger als zuvor, aber noch ist es möglich.

Wenn wir unseren Verstand an diese Aufgabe wenden und klug genug sind, Menschen dafür zu gewinnen, die oberflächlich betrachtet unsere Feinde sein könnten, dann, glaube ich, wird es nicht besonders schwer sein und vor allem nicht besonders lange dauern. Ich denke, wir könnten eine alternative Technik, Alternativlösungen im gesamten Bereich der menschlichen Grundbedürfnisse schaffen, wenn wir die Menschen dafür hätten. Das ist eine überschaubare Aufgabe.

Allerdings sagen die Leute: Das ist alles gut und schön, aber Technik hat doch eigentlich nichts damit zu tun, so laboriert man nur an Symptomen herum. Man muß das ganze System ändern oder die dahinterstehende Weltanschauung, oder, wie ändert man die Menschennatur, oder, wie gebietet man dem Bevölkerungswachstum Einhalt? Es gibt vieles, was wir tun *können* – *wir*, jetzt, nicht als abstrakter Begriff, sondern so, wie wir hier sitzen – und es gibt andere Dinge, die wir nicht tun können. Die größten Verwirrungen ranken sich bei den meisten Diskussionen um den Begriff ‹wir›. Wissen

Sie, sagen die Leute, wir müßten General Motors dezentralisieren. Ich gucke sie ungläubig an – ich könnte nicht einmal den Tante-Emma-Laden um die Ecke dezentralisieren! Oder wir müssen unbedingt die Natur des Menschen ändern – dabei könnten sie nicht einmal ihre eigene Natur ändern! Wenn ich sage ‹wir›, frage ich dabei, was können wirkliche Menschen tun, auch wenn sie noch so unbedeutend sind?

Wer die Dinge so sieht, wird feststellen, daß sich ein Weg in die Zukunft bereits in der Gegenwart sichtbar machen ließe, wenn man nur die Möglichkeit von Alternativlösungen, von durchführbaren Alternativlösungen, sichtbar machen könnte. Dabei kommt es nicht darauf an, wie klein diese durchführbaren Lösungen wären – auch wenn Δt gegen Null geht, ist immer noch etwas da. Und wenn das paßt, nimmt man es auch. Auf einmal entsteht dann eine Nachfrage. Wer so etwas einrichtet, hat dabei den Nutzen, daß diese Technik nicht einfach von Menschen entwickelt wird, sondern daß sie auch Menschen entwickelt. Eine Art von Technik, die nicht aus dem System entsteht, über das wir hier klagen, schafft ein System, das wir billigen können. Wenn der kleine Mann es wieder fertigbringt, auf eigenen Füßen zu stehen, gelingt es ihm vielleicht auch, etwas zur Verteidigung gegen die alles verschlingenden Großen zu tun.

So fühle ich mich eigentlich nie mutlos. Zwar kann ich dem Wind nicht gebieten, uns oder dies Schiff in eine bessere Welt zu blasen, dennoch kann ich auf jeden Fall das Segel setzen, damit ich bereit bin, ihn zu nutzen, wenn er weht.

III
Ein Weg in die Zukunft

«Man sagt mir: Wenn Sie mit Ihrer Mittleren Technik etwas ausrichten wollen, müssen Sie erst das System ändern, Kapitalismus und Gewinnstreben abschaffen, die Multis auflösen, alle Bürokratien zum Teufel jagen und das Erziehungswesen reformieren. Dazu kann ich nur sagen: Ich kenne keine bessere Möglichkeit, das ‹System› zu ändern, als die, daß ich eine *neuartige* Technik einführe – technische Verfahren, mit deren Hilfe kleine Leute produktiv und vergleichsweise unabhängig werden können.»

Es ist erst dann sinnvoll, über Kapitalismus, Sozialismus oder Verstaatlichung zu reden, wenn man genau weiß, wovon man redet. Schließlich ist eine Volkswirtschaft ein vielschichtiges Gebilde von vielen Einzelteilen. Ich bin zu dem Ergebnis gekommen, daß gesellschaftliche Probleme dort nicht auftreten, wo zahlreiche Kleinunternehmen allerlei Bedürfnisse erfüllen. Da keins von ihnen einen besonders starken Einfluß auf die Gesellschaft hat, ist für sie die Form des Privatunternehmens am geeignetsten. Wenn sie ein Dutzend Leute beschäftigen, können die Gewerkschaften die Gefahr, daß der Arbeitgeber seine Arbeitnehmer ausbeutet, mühelos unter Kontrolle halten. Wir haben hier einen ganz klaren Sachverhalt: Dort, wo der Verantwortliche namhaft gemacht werden kann, besteht eine wirkliche existentielle Beziehung zwischen Mensch und Materie, Mensch und Material. In den Ländern, in denen man versucht hat, solche Kleinunternehmen zu vergesellschaftlichen oder zu verstaatlichen, führte das lediglich dazu, daß die Arbeit überhaupt nicht mehr gemacht wurde. Und der Drang vieler aufrechter und anständiger Menschen, auf eigenen Füßen zu stehen und sich um ihre eigenen Angelegenheiten zu kümmern, wird dadurch höchstens behindert. Jeder, der überhaupt etwas tun will, muß zu einer

Art Diener in einer riesigen Organisation, einer Bürokratie, werden. Doch verarmt das Leben der Menschen dadurch erheblich. Somit hege ich keinen Zweifel daran, daß das Privatunternehmertum auf dieser Stufe eine ausgezeichnete Lösung ist.

Das entgegengesetzte Extrem haben wir im Fall riesiger Fabriken und Unternehmen, bei denen die geringste Erschütterung spürbare gesellschaftliche und politische Auswirkungen hat. Meiner Ansicht nach ist die Bezeichnung ‹Privatbesitz› bei solchen Unternehmen ein reiner Etikettenschwindel, denn zwischen dem Eigentum und seinem ‹Eigentümer› besteht keine wirkliche existentielle Beziehung – ähnlich wie bei den französischen Grundbesitzern vor der Revolution, die in Paris von einem Einkommen lebten, das Arbeiter oder Kleinbauern für sie erarbeitet hatten. Bei der Frage, wie man solchen Riesenunternehmen beikommen könnte, nur immer an Verstaatlichung zu denken, hilft auch nicht viel weiter. Ich bin zu dem Ergebnis gekommen, daß Politik und Wirtschaft voneinander getrennt bleiben sollten. Das bedeutet allerdings nicht, daß man nicht seine gesellschaftlichen Interessen vertreten sollte. In Großbritannien gibt es seit drei Jahrzehnten verstaatlichte Unternehmungen mit einer recht gut ausgearbeiteten Gewaltenteilung. Als man die Bergbauindustrie, die Eisenbahnen sowie die Gas- und Elektrizitätswerke verstaatlichte, wurden sie in Körperschaften öffentlichen Rechts umgewandelt, die aber ebensolche Unternehmen sind wie die Imperial Chemical Industries oder General Electric. Es gibt eine ganze Anzahl genau umrissener Verfassungsprobleme in diesem Zusammenhang, weil für alles eine letzte Instanz erforderlich ist. In der Scott Bader Company ist das ein Kuratorium von Treuhändern. In einem demokratischen System läßt sich die Regierung leicht abwählen, aber es muß auch jemand dafür sorgen, daß eine neue Regierung gebildet wird.

Wenn es schon einfach ist, den Mann an der Spitze abzusetzen, muß man für die Nachfolge sorgen. Das ist in Großbritannien Aufgabe der Königin, in der Bundesrepublik die des Bundespräsidenten und so weiter. Ähnlich sieht es bei einem verstaatlichten Unternehmen aus: Wer aber ist dafür verantwortlich, daß eine Geschäftsleitungsspitze eingesetzt wird? Es tut mir leid, aber ich komme nicht los von den Hierarchien! In Großbritannien ist das ein Minister, für die Brennstoffindustrie zum Beispiel ein Energieminister. Er ernennt den Aufsichtsrat, jedes Mitglied für sich. Das ist ein großer Fehler. Von mir aus mag er den Aufsichtsratsvorsitzenden ernennen, dann aber muß dieser die Möglichkeit haben, seine Leute selbst auszuwählen. Wenn der Minister jeweils einzeln den Aufsichtsratsvorsitzenden, dessen Stellvertreter und die Aufsichtsratsmitglieder ernennt, kann daraus keine funktionierende Mannschaft werden. Mit der Zusammenarbeit aber steht und fällt das Ganze. Da liegt ein Fehler in der ansonsten recht vernünftigen Einrichtung. Gegen Vorschriften und Richtlinien bezüglich der Mitgliederzahl des Aufsichtsrats und so weiter wäre nichts einzuwenden. Der Minister kann nur den Aufsichtsrat ernennen, alle Mitarbeiter unterhalb dieser Ebene, also die Entscheidungsträger auf der Geschäftsführungsebene über ein solches Mammutunternehmen wie die britische Kohlebehörde – wir hatten gleich zu Anfang 850000 Beschäftigte –, werden vom Aufsichtsrat berufen. Ich habe ihm nie angehört, ich gehörte zur nächsten Ebene. Noch 1967 konnte ich öffentlich eine Rede gegen die Atomenergie halten, die allgemeines Aufsehen erregte und sogar dem Premierminister zur Kenntnis gebracht wurde. Aber die Regierung konnte mich nicht entlassen, und da der Aufsichtsrat nichts in der Richtung unternahm, war ich gedeckt. Es ist sehr wichtig, daß es einen Schutz vor der Möglichkeit der Ämterpatronage nach dem Futterkrippensystem gibt, damit auf den unteren Ebenen niemand unmittelbar von der Regierung ernannt werden kann.

Bei einem Großunternehmen ist die Management-Frage von entscheidender Bedeutung, denn Verwaltung ist eine äußerst knifflige Angelegenheit. Wir in der britischen Kohleindustrie wären alle lieber Bergbauingenieure gewesen, denn das ist eine einfache Angelegenheit, bei der man es mit toter Materie zu tun hat. Mit lebendiger Materie umzugehen ist schon weit schwieriger. Man sitzt in einem Büro und soll irgendwelche Vorschriften formulieren, die der Wirklichkeit angemessen sind. Die Wirklichkeit aber ist immer noch seltsamer, als die blühendste Phantasie es sich ausdenken kann. Der Führungsstil in einer Hierarchie sollte der bestmögliche sein. Wenn Menschen, die zusammen arbeiten müssen, sich nicht miteinander beraten, ist das einfach schlechter Führungsstil. In der britischen Kohlebehörde fand stets ein ausgezeichneter Austausch von Meinungen und eine gegenseitige Abstimmung bis weit in die unteren Ebenen hinein statt. Immerhin ist Verwaltung unglaublich schwierig. Sie muß der konkreten Wirklichkeit auf abstrakte Weise gerecht werden. Zieht man nun seine besten Köpfe in der Hauptverwaltung zusammen, fehlen sie weiter unten, am Ort des Geschehens. In einem solchen Fall wird gut verwaltet, aber die eigentliche Arbeit des Betriebs geht ohne den Einsatz erstklassiger Talente vonstatten. Hat man aber die erstklassigen Talente nicht oben, sondern unten, ist damit die Verwaltung zweit- oder drittklassig, und die Menschen unten sind ärgerlich auf die blöde Verwaltung, die so alberne Vorschriften erläßt, und sind von ihr enttäuscht.

Das hat mich zu der Überzeugung gebracht, daß die beste Verwaltung die ist, die nach einem Prinzip vorgeht, das ich ‹negative Verwaltungstheorie› nenne. Man soll danach trachten, Strukturen einzurichten, die mit einem *Mindestaufwand* an Verwaltung auskommen. Sehr kleine Strukturen verwalten sich selbst, da gibt es keine Schwierigkeiten. Es brauchen keine Vorschriften abstrakt formuliert zu werden, weil man alles überschauen und Entscheidungen an *Ort und Stelle* treffen kann. Dabei ist es natürlich sehr einfach, sich jeweils abzustimmen.

Was aber kann man bei Großunternehmen tun? Mir drängen sich dabei zwei Vorstellungen auf: einmal das Bild eines Weihnachtsbaums, oben mit einer glänzenden Spitze versehen, weiter unten mit allerlei Nüssen, nahrhaften und tauben, ausgestattet. Das ist eine monolithische Organisation, ein festgefügter Machtblock. Verwaltungsspezialisten neigen stets zu einer derartigen Anordnung. Die größte und wichtigste Aufgabe jedes lebenden Wesens ist die, Initiative zu entwickeln. Solche monolithischen Strukturen verlassen sich aber eigentlich stets darauf, daß der Mann an der Spitze die Initiative ergreift, weil alle anderen nur ausführende Organe sind. Die Initiative eines einzelnen Mannes aber, ganz gleich, wie fähig er ist, auf die weiter unten ein immer geringeres Maß an

Initiative folgt, genügt nicht, ein Unternehmen am Laufen zu halten.

Man stelle sich jetzt das andere Bild vor – jemand hält auf einem Jahrmarkt Hunderte von Fäden in der Hand, an deren anderem Ende jeweils ein Luftballon angebunden ist. Jeder hat seinen Auftrieb, es ist eine hübsche, runde Sache. Das ist die ideale Struktur für eine große Organisation. Natürlich muß es auch jemanden geben, der das Ganze zusammenhält. Das aber ist keine strahlende Größe an der Spitze, sondern ein einfacher Mensch unten, und jeder Ballon strebt aus eigener Kraft nach oben. Jeder Ballon ist gewissermaßen in sich begrenzt, je mehr es also gibt, desto besser.

Wenden wir uns also wieder dem Gedanken zu, wie man diesen Monolithen umorganisieren oder ihm eine Struktur verleihen kann. Aus gänzlich unlösbaren Schwierigkeiten heraus kann man ihn nicht einfach dezentralisieren und in kleinere Einheiten aufteilen. Zuerst einmal muß man die Gesamtgröße vermindern und feststellen, welche Aufgaben man herausnehmen *könnte*, ohne daß das Ganze dabei lahmgelegt würde. Es gibt vielerlei Dinge, die ohne weiteres außenstehende Firmen tun können. Beispielsweise hatte die Kohlebehörde ihre eigenen Druckereien. Dabei haben nun Drucken und Kohleabbau nicht viel miteinander zu tun. Also gliedern wir dies Aufgabenfeld aus und unterstellen es einer eigenständigen Unternehmensleitung, die zwar noch immer Teil des Ganzen ist, aber eine eigene Identität besitzt.

In zeitlicher Abfolge wurde als erstes der Tagebau ausgegliedert, der sich vom Untertagebau deutlich unterscheidet. Jemand, der für ein Gebiet zuständig ist, in dem Untertagebau betrieben wird, ist nicht besonders interessiert am Tagebau, ganz davon zu schweigen, daß ihm die nötigen Kenntnisse dafür fehlen. Damit hatten wir die erste eigenständige Bereichsleitung, die für Tagebau.

Oft wird die Kohle gleich nach ihrer Förderung, so wie sie ist, an Kraftwerke und dergleichen verkauft, manchmal aber wird sie weiterbehandelt durch Verkokung oder mit anderen Verfahren. Wir stellten fest, daß auch das etwas ganz anderes ist, das nach einer erfahrenen Führung und besonderen Kenntnissen verlangt und das man also aus dem Gesamtkonglomerat ausgliedern konnte. Auf diese Weise hatten wir dann die Bereichsleitung ‹Kohleprodukte›. Es kamen noch einige andere Dinge hinzu: So hängen mit den alten Zechen noch viele Ziegeleien zusammen. Ein Zechenverwalter ist nun nicht unbedingt ein besonders kenntnisreicher Ziegeleileiter; also wurde eine Bereichsleitung ‹Ziegeleien› eingesetzt.

Es fallen aber noch weitere Aufgaben an, wie beispielsweise der Gütertransport auf der Straße. Die Kohlebehörde war eines der größten Unternehmen, das auf der Straße Güter transportierte. Um diese Aufgabe ordentlich zu lösen, sind bestimmte unternehmerische Fähigkeiten erforderlich, beispielsweise auf den Gebieten Einkauf, Wartung und Reparaturen. Fünf- bis zehntausend Schwerlaster müssen organisiert werden, nicht nur, damit die Kohle an ihren Bestimmungsort gelangt, sondern auch zur Beseitigung des Abraums . . . Dann zeigen sich erst die wirklich aufschlußreichen Dinge. Wer nun meint, alle Fahrzeuge sollten einer Bereichsleitung ‹Verkehrswesen› unterstellt werden, der müßte sich fragen lassen, ob das sinnvoll ist. Gehören beispielsweise auch die Brandschutzfahrzeuge dazu und die Rettungswagen? Irgendwo muß man Grenzen ziehen. Ich finde, daß das eine schwierige Aufgabe ist, für die es keine festen Formeln gibt.

Dann bleibt noch der große Bereich des eigentlichen Kohleabbaus. Ihn haben wir in siebzehn Bezirke gegliedert und dann festzustellen versucht, welche Aufgabe sich ohne weiteres der Entscheidungsgewalt des Bezirksleiters unterstellen ließen. Hier spielt das ‹Subsidiaritätsprinzip› oder ‹Prinzip der untergeordneten Aufgaben› hinein, denn wir in der Zentrale wollen durchaus nichts mit Dingen zu tun haben, die die einzelnen Bereiche sehr wohl selbst erledigen können. Nur wenn sie Hilfe brauchen, übernehmen wir die jeweilige Aufgabe. Nicht dezentralisieren oder nach unten delegieren ließen sich beispielsweise Verhandlungen mit den Gewerkschaften, alle Aufgaben, die mit finanziellen Entscheidungen zusammenhingen, sowie bestimmte Marketingaufgaben.

Selbstverständlich löst eine bloße Änderung im System das Problem nicht. Gandhi sagte einmal mit beißendem Spott, alle Welt suche nach einem so perfekten System, daß niemand innerhalb solchen Systems noch wirklich gut sein muß. Nur gibt es ein solches System nicht. Jede Organisation arbeitet mit Menschen. Sie aber sind weithin dieselben wie die außerhalb solcher Organisationen. Ähnlich ist es mit der Änderung der Eigentumsverhältnisse: Damit öffnet sich eine Tür, durch die man gehen und Dinge tun kann, die sonst höchstens mit einer Art wohlwollender patriarchalischer Geste erledigt werden würden. Damit wird die Sache dann zu einer Aufgabe, die eine Selbstverständlichkeit ist. Zwar kann ein Privatunternehmen ein sehr gutes Management haben, dessen Mitglieder sich alle gut untereinander informieren und aufeinander abstimmen. Doch hat man erst einmal die Besitzverhältnisse geändert, wird ein solches Verhalten zu einer einklagbaren Pflicht. Es ist nicht mehr dem freien Willen des Eigentümers überlassen: Man muß so handeln, und bisweilen auch dann, wenn es sich nicht sofort auszahlt. Idealiter wird dabei vorausgesetzt, daß die Menschen auf den jeweiligen Posten dazu fähig sind – und das ist im normalen Geschäftsalltag durchaus nicht immer der Fall. Immerhin investieren die Menschen den größten Teil ihrer Energie in ihre Arbeit. Ein Unternehmen erzeugt nicht nur Güter, es erzeugt auch *Menschen*, so daß das Ganze zu einem Lernprozeß wird.

Übereilte Verstaatlichung, die nicht wirklich wohldurchdacht ist, endet nahezu immer mit einer Katastrophe. Wie bei jedem tiefgehenden Eintriff in einen lebenden Organismus stiftet eine abrupte Veränderung so viel Verwirrung, daß Jahre vergehen, bis man die Sache wieder ins Lot gebracht hat und schließlich die Gelegenheit nutzen kann, mit der Veränderung auch den richtigen Weg einzuschlagen.

Zu der Zeit, da ich hauptamtlich Wirtschaftsberater der britischen Kohlebehörde war, hatte ich daneben noch drei weitere Hauptberufe, und alle als Freizeitbeschäftigungen. (Es ist in Großbritannien so schwer, Geld auf die Beine zu bringen, daß man sehr geringe Aussichten auf Erfolg hat, wenn man sagt, erst muß das Geld da sein, dann wollen wir sehen, was wir damit machen können. Ich glaube, die besten Dinge sind von Menschen ausgegangen, die gesagt haben, natürlich verdiene ich meinen Unterhalt, aber ich habe noch viel

Zeit, um etwas anderes zu tun. Entscheidend ist, daß man nicht auf Kosten der Gemeinschaft lebt.) Zu diesen drei Aufgaben gehört zuerst einmal die Soil Association, eine private britische Organisation zur Förderung des organischen Anbaus. Damit haben wir uns in den letzten dreißig Jahren beschäftigt. Natürlich hat man sich am Anfang über uns lustig gemacht, aber der Wind weht jetzt aus einer anderen Richtung, und wir wissen gar nicht mehr, wie wir alles schaffen sollen. Die Menschen, die organischen Anbau betreiben wollen, rennen uns jetzt die Tür ein. Natürlich ist Generationen lang kein landwirtschaftlicher Verwalter dafür ausgebildet worden . . . Man bietet uns Land an, aber wir müssen zuerst einmal die Leute anleiten. Wir haben eine Anzahl akademischer Einrichtungen ‹unterwandert› und betreiben unsere Ausbildung mit Hilfe etablierter Einrichtungen, was natürlich viel einfacher ist, als etwas völlig aus dem Nichts zu schaffen.

Große und mächtige Einrichtungen machen mir keinen Eindruck. Selbstverständlich sind sie als solche gefährlich. Aber zugleich werden sie von *Menschen* geleitet, von einzelnen. Die Zeit ist gekommen, da man mit den Dinosauriern, den Großunternehmen, zusammen arbeiten muß.

Mein Sohn ist jemand, der immer die Initiative ergreift. Kürzlich schrieb er dem britischen Aufsichtsratsvorsitzenden der General Electric, Sir Arnold Weinstock, einen Brief. Sicherlich hat er den einen oder anderen der darin geäußerten Gedanken zu Hause mitbekommen, aber den Brief hat er allein verfaßt. Er schrieb:

Sehr geehrter Sir Arnold Weinstock,
warum veranlassen Sie nicht, daß man angesichts der Brennstoffkrise, die bestimmt nicht aufhören wird, und angesichts der Inflation, die auch nicht aufhört, für die vielen alten und einsamen Menschen einen elektrischen Mini-Teekessel herstellt? Es ist doch wohl unsinnig, daß diese alten und allein lebenden Menschen ein bis zwei Liter Wasser heiß machen müssen, wenn sie eine Tasse Tee trinken wollen* . Falls Sie meinen Vorschlag übernähmen, würden Sie a) etwas gegen die Brennstoffkrise tun, b) etwas gegen die Inflation tun, c) diesen Menschen helfen, d) uns ein ausgezeichnetes Weihnachts- oder Geburtstagsgeschenk für solche Menschen in die Hand geben und e) einen Haufen Geld verdienen. Sollten Sie meinen Gedanken aufgreifen, könnten Sie mir vielleicht so viel Geld schicken, daß ich mir ein Fahrrad kaufen kann. Das würde auch Brennstoff sparen. Und, sobald er auf dem Markt ist, auch so einen Mini-Teekessel für meinen alten Vater.

Er unterschrieb mit ‹Robert Schumacher, 11 Jahre›.

Innerhalb von zwei Tagen erwiderte der Dinosaurier auf ausgesuchtem Briefpapier; der Brief war mit einer wunderschönen elektrischen Schreibmaschine geschrieben:

Lieber Mr. Schumacher,
General Electric macht nur große Dinge, keine kleinen. Aber ich danke Ihnen sehr für Ihren äußerst anre-

* Bei den in Großbritannien üblichen Wasserkesseln ragt eine offene Heizspirale in das Wasser (Tauchsiederprinzip). Daher muß immer *mindestens* so viel Wasser eingefüllt werden, daß diese Heizspirale vollständig bedeckt ist. [Anm. d. Übers.]

genden Brief. Wenn Sie weiterhin soviel Initiative entwickeln, werden Sie bald genug Geld verdienen, um sich ein Fahrrad kaufen und außerdem Ihren alten Vater unterstützen zu können.

Mit freundlichem Gruß
Arnold Weinstock

Ich bitte um Entschuldigung, das fiel mir gerade ein. Es ist nichts als eine Erinnerung. Sie sehen aber daran, wie man mit diesen Dinosauriern umgehen muß.

Die erste der Organisationen, mit denen ich zu tun habe, ist also die Soil Association. Unsere Aufgabe ist gegenwärtig dreifacher Art. Erstens müssen wir die Bauern für den organischen Anbau ausbilden. Zweitens haben wir eine Vertriebsgesellschaft gegründet, die organische Erzeugnisse auf den Markt bringt. Dazu mußten wir uns ein Symbol ausdenken, sozusagen eine Handelsmarke, die wir uns haben schützen lassen. Die Behörden tragen aber eine Handelsmarke ‹Organisches Produkt› nur dann ein, wenn es uns gelingt, ihnen klarzumachen, daß wir in der Lage sind, die Qualität des Produkts zu *überwachen*. Es hat uns viel Mühe gekostet, eine Überwachungsmethode zu finden. Man kann zwar nicht alles überwachen, was von den Bauernhöfen kommt, wohl aber den Boden. Ein Deutscher hat ein sehr ausgeklügeltes Bodenprüfungsverfahren entwickelt, und die Behörden haben es gutgeheißen. Auf dieser Basis kann man arbeiten.

Das wäre die Vertriebsgesellschaft, die den höheren Preis herausholen kann, den organische Produkte verdienen, weil auch vom wissenschaftlichen Standpunkt der Wert pro Gewichtseinheit organisch erzeugter Nahrungsmittel höher ist als der nicht organisch erzeugter. Als drittes haben wir noch eine Genossenschaft organisch arbeitender Erzeuger gegründet, und zwar so, daß jeder völlig unabhängig bleiben kann. Sie legen ihre Höfe nicht zusammen, sondern betrachten sich als Dienstleistungsgenossenschaft, über die sie gemeinsam einkaufen und andere Dienstleistungen gemeinsam nutzen können. All das ist jetzt in Gang gesetzt, und die Genossenschaft hilft den Bauern dabei, mehr vom Zusatznutzen zurückzubekommen. Hat beispielsweise jemand, der sich nicht zu weit von einem Markt befindet, organisch angebauten Weizen, warum soll er dann statt des Weizens nicht gleich frisch gemahlenes Mehl verkaufen? Wir haben für diesen Zweck ausgezeichnete kleine Mühleneinrichtungen gefunden, und die Bauern verdienen an einem Pfund Mehl doppelt soviel wie zuvor an einem Pfund Weizen. Damit geht der zusätzliche Erlös zurück in die Wirtschaftssubstanz des Bauernhofs und wird nicht vom Müller abgeschöpft. Außerdem ist das Mehl tatsächlich besser – einmal, weil es frisch gemahlen ist, zum anderen, weil es aus organisch angebautem Weizen stammt. So erzielt es einen höheren Preis: Sein Wert ist höher.

Das zweite Glied meiner kleinen Kette ist die Firma Scott Bader, ein von Ernest Bader gegründetes Unternehmen der Kunststoffindustrie. Ernest Bader ist ein Schweizer Quäker von etwa 85 Jahren, der vor dem Ersten Weltkrieg nach England auswanderte und dort buchstäblich ohne einen Pfennig anfing. Er stellte sich vor, daß er sein ganzes Leben für andere würde arbeiten müssen, und empfand das System als grauenhaft. Wie sich zeigte, kam es nicht dazu. Er wurde Unternehmer und leitete eine Firma. 1951 kam ihm plötzlich zu Bewußtsein, daß er all seinen Beschäftigten das antat, worunter er früher selbst so gelitten hatte. Er wollte aber nicht mit diesem Gefühl aus dem Leben scheiden, sondern lieber etwas dagegen unternehmen. Also nahm er Kontakt mit verschiedenen Menschen auf, zu denen auch ich gehöre, und sagte, er wolle das Ganze auf eine Grundlage stellen, die er als Quäker und Pazifist bejahen könne, da er nicht hinter dem stünde, was er damals tat. Wir machten uns also an die mühsame Aufgabe und entwarfen eine Verfassung für sein Unternehmen. Ernest Bader hatte gesagt, er wolle nicht Inhaber des Unternehmens sein. Daher wurde alles Kapital mit Ausnahme von zehn Prozent auf das Gemeinwesen übertragen, für das wir die Form einer GmbH wählten. Das Eigenkapital gehört nicht mehr Ernest Bader, sondern dem Gemeinwesen, dem jeder angehört, der eine bestimmte Zeit dort gearbeitet hat. Vom rechtlichen Standpunkt aus ist das Gemeinwesen Eigentümer des Unternehmens. Zuerst behielt die Familie zehn Prozent Gründeranteil zurück, und zwar dergestalt, daß sie eine Stimmenmehrheit hatte. Sie wollte diese Mehrheit nicht nutzen, sondern lediglich als ‹Notbremse› einsetzen können. Denn es ist sehr schwer, etwas aufzubauen, und sehr leicht, es zu zerstören.

Wir machten uns dann daran, zu lernen, wie ein solches Unternehmen geführt werden muß. Was bedeutet Mitbestimmung? Kann man das Unternehmen so leiten, daß die Menschen tatsächlich die ‹absolute› Gewißheit haben, daß wir nicht einfach ‹Schluß› sagen würden, um unser eigenes Einkommen zu sichern, wenn die Geschäfte mal schlecht gingen? Immerhin hängt von einem solchen Unternehmen der Lebensunterhalt für viele Menschen ab, es ist eine Solidargemeinschaft. Wie kann man so etwas leiten? Das ist die Frage. Jeder sagte uns, das sei unmöglich. Was tut man, wenn bei einem möglichen Umsatzeinbruch die Konkurrenz die Hälfte ihrer Arbeitskräfte entläßt und man selbst mit der gesamten Belegschaft weitermachen muß? Man findet sein Wissen über solche Dinge nicht in Büchern, sondern man muß alles selbst durchmachen. Damit kommt man zu einer ganz anderen Art der Unternehmensführung. Die Anforderungen an die unternehmerischen Fähigkeiten sind höher.

Wir müssen es uns zehnmal überlegen, bevor wir neue Arbeitskräfte einstellen, denn wir wissen, daß sie zu uns gehören, sobald sie bei uns sind. In diesem Sinne gibt es keine Betriebsinhaber und Angestellten. Wir alle sind Mitinhaber und Mitangestellte. Doch erst 1963, das heißt zwölf Jahre später, hatten wir den Eindruck, daß die Sache funktionierte. Danach wurden auch die Gründeranteile dem Gemeinwesen zugeschlagen, so daß nunmehr die Verwaltung des Gemeinwesens Eigentümerin des Ganzen ist. Man kann geradezu sagen, daß das Eigentum am Unternehmen abgeschafft worden ist. Wir haben es nicht auf Einzelne übertragen, denn kein Angehöriger des Gemeinwesens kann einen Unternehmensteil mitnehmen, wenn er kündigt, weil er in einen anderen Teil des Landes zieht oder es ihm bei Scott Bader nicht mehr gefällt. Da jetzt die Eigentumsrechte und alle anderen Rechte nicht mehr einfach beim Inhaber liegen, müssen wir uns fragen, was geschieht mit dem Geld? Was geschieht mit der Unternehmensführung? Im freien, auf die Person bezogenen Kapitalismus ist alles automatisch ‹mein›, gehört mir als dem Eigentümer. Das ist auch sehr vernünftig, wenn ich als Eigentümer selbst im Betrieb tätig bin. Jetzt aber müssen wir eine andere Formel für die Aufteilung finden, und dabei lernen wir sehr viel. Selbstverständlich ist Mitbestimmung ein geheiligter Begriff, den wir alle bejahen. Wir sagen, nun ja, Sie wissen doch, Demokratisierung . . . Was bedeutet das aber genau? Die Menschen sagen, es bedeutet, daß sie keine hierarchische Unternehmensstruktur wollen. Die Frage ist nur, kann man so etwas überhaupt ohne eine Art von Hierarchie betreiben?

Die Antworten auf diese Frage sind jetzt im Fall Scott Bader 27 Jahre lang in die Praxis umgesetzt worden. In diesem Zusammenhang kann man nur den berühmten Satz zitieren: «Ich habe die Zukunft gesehen, und sie funktioniert.» Dem Unternehmen ist es von Jahr zu Jahr besser gegangen.

Wir haben uns eine Reihe von Selbstbeschränkungen auferlegt. Da der Betrieb von einem Quäker gegründet wurde, gehört dazu, daß wir wissentlich keines unserer Erzeugnisse verkaufen, wenn wir Grund zu der Annahme haben, es solle zu Rüstungszwecken dienen.

Die zweite Selbstbeschränkung besteht darin, daß nicht der Aufsichtsrat die letzte Instanz ist, sondern eine Art Parlament aus Betriebsangehörigen. Seine Mitglieder können Aufsichtsräte ernennen oder entlassen, und sie müssen die Gehälter des Aufsichtsratsvorsitzenden und der Aufsichtsräte genehmigen. In dieser Hinsicht besteht ein hohes Maß an Demokratie. Außerdem sind in der Unternehmensverfassung Vorschriften für eine wirkliche Mitbestimmung im Entscheidungsprozeß verankert.

Eine dritte Selbstbeschränkung liegt darin, daß wir ein Verhältnis zwischen den Höchst- und Mindestlöhnen festgelegt haben, das nicht überschritten werden darf, und zwar bezogen auf den Bruttolohn. Möglicherweise ist der eine oder andere darüber entsetzt, daß trotz großer Bereitschaft auf allen Seiten dies Verhältnis noch immer eine Spanne von eins zu sieben umfaßt. Die Gemeinschaft übt keinen Druck in der Richtung aus, daß die Spanne verkleinert werden müßte, denn alle sehen ein, daß sie nötig ist. Allerdings sind in dieser Spanne alle erfaßt, vom jugendlichen Berufsanfänger mit Mindestlohn bis zum höchstbezahlten leitenden Angestellten.

Viertens haben wir beschlossen, nicht über eine Belegschaft von vierhundert hinauszuwachsen. Man kann jetzt natürlich die Frage stellen: warum vierhundert und nicht dreihundertfünfzig? In der Natur wächst eine Zelle nicht unaufhörlich, sondern sie teilt sich, wenn das Bedürfnis nach Wachstum besteht, und bildet eine neue Zelle. In ähnlicher Weise haben wir uns geteilt, als ein Wachstum nicht zu vermeiden war, und drei völlig unabhängige neue Unternehmen gegründet. Die Entscheidung, ob man sie abtrennen kann und wie, muß gut überlegt sein, das Hauptziel aber ist stets, das menschliche Maß zu wahren.

Als letztes haben wir uns auferlegt, aus einem Teil der Gewinne, die das Unternehmen erwirtschaftet, Rücklagen für Steuern und Investitionen zu bilden. Bisher haben wir stets einen Gewinn erzielt. Zur Ausschüttung gelangen höchstens vierzig Prozent. Und zwar stellen wir für jede Mark, die wir an die Belegschaft ausschütten, eine Mark für einen guten Zweck außerhalb des Unternehmens zur Verfügung. Mithin können vierzig Prozent des Gewinns verteilt werden, je zur Hälfte an die Betriebsangehörigen und für gute Zwecke außerhalb des Unternehmens.

Ursprünglich hatte uns dabei die Absicht geleitet, mit diesem Geld etwas zu tun, womit man die Bedürfnisse in der näheren Umgebung befriedigen konnte. Und dann war ärgerlicherweise im Umkreis von achtzig Kilometern nichts mehr zu tun. Das heißt, dies kleine Unternehmen mit nur vierhundert Mitarbeitern hat im Lauf von nahezu dreißig Jahren bereits alles das, nach dessen Lösung man in anderen Gebieten lechzt, als Aufgabe übernommen und erledigt. Man kümmert sich um die Alten: Sie bekommen regelmäßig ihre Pakete. Das Jugendzentrum wünschte sich ein Baseballfeld und bekam es. Der Blindenverein bat um Unterstützung bei der Beschaffung einer Bibliothek in Blindenschrift und erhielt sie. Jetzt finden wir in unmittelbarer Umgebung nichts mehr zu tun. Das ist sehr wichtig: Wenn der Wohlstand dem Umkreis zugute kommt, aus dem er stammt, lassen sich alle Schwierigkeiten lösen, auf jeden Fall die sozialen. Also müssen wir uns in größerer Entfernung umsehen. Es wäre allerdings ziemlich sinnlos, wollten wir das Geld einfach einer auf nationaler Ebene arbeitenden Wohltätigkeitsorganisation geben. Geld sinnvoll auszugeben ist keine leichte Aufgabe.

Scott Bader ist mehr als ein Experiment, es ist eine Weltanschauung. Dennoch sind wir unserem ursprünglichen Ziel, den Arbeitsprozeß zu humanisieren, in all diesen Jahren nicht sehr viel näher gekommen. Wir sind hier gewissermaßen Sklaven eines technischen Systems, das, wie Schulkinder im Chemieunterricht sagen, ‹stinkt›, denn genau das tut ein Chemieunternehmen. Die dort angewendeten Verfahren lassen sich nicht menschlicher gestalten. Wir können vielleicht eines Tages sagen, schön, wir machen kein Polyester, sondern etwas ganz anderes . . . Aber wir haben uns überlegt: Wenn wir schon die achtunddreißig Arbeitsstunden pro Woche, in denen die Menschen sich ihren Lebensunterhalt verdienen, nicht menschlicher gestalten können, was ist dann mit den über hundert Stunden pro Woche, in denen sie nicht im Labor, im Büro oder in der Werkhalle sind? Wir stellten sehr bald fest, daß in der Freizeit unendliche Langeweile herrscht, die die Menschen vor den Fernseher treibt. Das aber macht niemanden glücklich.

Wir haben dann gesagt, die Gemeinschaft muß doch etwas Nützliches auf die Beine stellen können, was die Menschen in den Stand setzt, ihre Freizeit sinnvoll zu füllen. Auch hier wieder begannen wir mit Vorschlägen. Warum nicht eine gemeinsam betriebene Auto-Reparaturwerkstatt eröffnen? Es sind doch lauter findige Leute mit geschickten Händen und trainiertem Gehirn. Man kann an jedem Wochenende sehen, wie die Motorradfahrer inmitten der Teile ihrer Maschinen sitzen und alles glücklich zerlegen und wieder zusammenbauen. Bei einem Auto geht das nicht, weil es so groß ist: Da hat man die nötige Ausrüstung nicht. Die Betriebsangehörigen bauten daraufhin eine Auto-Reparaturwerkstatt für die Gemeinschaft. Zwei Rentner kümmern sich darum und sind glücklich, denn jetzt haben sie Gott sei Dank etwas zu tun. Und wer mit seinem Auto Schwierigkeiten hat, bringt es in die eigene Werkstatt, repariert es und braucht nur für das Material zu zahlen. Das ist eine Erweiterung des Grundgedankens von der Gemeinschaft.

Als nächstes fiel uns ein, da praktisch jeder Engländer einen Kleingarten hat, könnten wir wirklich gute Gartengeräte und -maschinen anschaffen. Der kleine

Mann kauft ein Werkzeug und stellt fest, daß es nicht besonders gut ist, weil es billig zusammengehauen wurde. Wir haben uns also von wirklichen Fachleuten beraten lassen und einen Maschinenring für Gartengeräte gegründet, den auch wieder einige Rentner leiten. Jeder hat Zugang zu wirklich erstklassigem Werkzeug, und alle sind jetzt begeisterte Gärtner, halten nicht mehr einfach nur ihren Rasen kurz, sondern bauen auch etwas an.

Der nächste Schritt wartet noch auf seine Verwirklichung. Wir haben selbst etwas Grundbesitz, aber Ernest Bader möchte nicht, daß auf diesem Land Gemüse angebaut wird, was ich sehr unvernünftig finde. Er sagt, hier wohne ich, und das war immer mein Park. Der Ausschuß sagt, wir möchten liebend gern Gemüse anbauen, wollen aber den alten Herrn nicht kränken. Ich erwähne diese eher rührende Einzelheit, weil sie zeigt, daß die Beziehung zwischen Arbeitnehmer und Arbeitgeber, dem bösen Kapitalisten und den ausgebeuteten Arbeitern, in keiner Weise mehr gegeben ist. Wir unterlassen etwas, wovon wir alle wissen, daß es vernünftig wäre, es zu tun. Wir wissen, daß der alte Herr unvernünftig ist, aber wir wollen ihn nicht kränken, sondern lieber warten. Und das ist *wirklich* vernünftig!

Geplant ist als nächstes eine Holzbearbeitungswerkstatt des Gemeinwesens. Die Leute sagen, wir können unsere eigenen Möbel machen und sogar noch welche zum Verkauf am Ort. Wir werden sehen, was daraus wird. Auf jeden Fall entwickelt sich daraus, daß dies kleine Unternehmen in Gemeinbesitz überführt wurde, was von seiten des Eigentümers als äußerst großzügig erschien, eine neue Lebenshaltung. Möglicherweise kann sie eines Tages sogar der Notwendigkeit, seinen Lebensunterhalt zu verdienen, den Druck nehmen, so daß wir die Zahl der Arbeitsstunden verringern und die Arbeitszeit vielleicht ins Ermessen der Beschäftigten stellen können. Aber ganz gleich, ob es vierzig oder achtunddreißig Stunden pro Woche sind, es ist immer noch ein Hauptberuf. Wenn es sich dabei um sinnentleerte Arbeit handelt, hat sie einen sehr negativen Einfluß auf den Arbeitenden. Ich glaube, wenn es um zwanzig Stunden pro Woche ginge, wäre es einfach eine zwar unerfreuliche, aber zu erledigende Aufgabe, denn die menschliche Natur könnte die wenigen Stunden pro Tag in Kauf nehmen.

Die dritte Organisation, mit der ich verbunden bin, habe ich mit einer Handvoll Freunden 1965 ins Leben gerufen: die Intermediate Technology Development Group Limited (Gruppe zur Entwicklung Mittlerer Technik GmbH).

Das ist nun eine Organisation, die als förderungswürdig anerkannt ist, aber kein Geld hat. Vielleicht darf sie irgendwo ein Büro mitbenutzen, was aber soll eigentlich geschehen? Nehmen wir an, man will diese Mittlere Technik ins Leben rufen und ein System daraus machen – wo fängt man da an? Alles, was ich in diesem frühen Stadium sagen kann, ist: Man hüte sich vor den Planern. Es gibt allerlei ungeduldige Menschen, die behaupten, man brauche einen Fünfjahresplan, einen Zehnjahresplan. Das ist völlig unsinnig und nutzlos. Man muß sich über das klarwerden, was man *nicht* weiß. Davon überzeugt zu sein, daß man etwas weiß, oder davon, daß man sich seiner Unwissenheit bewußt ist, – das ist eine jeweils ganz andere innere Einstellung. Man ist in letzterem Fall weit aufmerksamer und weit mehr auf der Hut.

Wir hörten zufällig, daß eine britische Handelsmission nach Nigeria aufbrechen sollte, und fragten uns, was um Himmels willen die dort bloß losschlagen wollten. Bestimmt nichts, was die Nigerianer brauchen. Was wäre, wenn wir auf die Schnelle einen Katalog in Großbritannien erhältlicher landwirtschaftlicher Geräte zusammenstellten, die mit tierischer oder menschlicher Antriebsenergie arbeiten können? Wir hatten dafür nur wenige Wochen zur Verfügung und merkten unter diesem Druck, in wie hohem Maß unsere Gesellschaft organisiert ist. Man muß nur die Stelle finden, an der man in das Netz eindringen kann; das Netz jedenfalls existiert. Da gibt es eine Vereinigung von Landwirtschaftsingenieuren und eine weitere von Herstellern landwirtschaftlicher Geräte. Wir setzten uns mit allen in Verbindung und stellten einen kleinen, auf Matrize vervielfältigten Katalog solcher Geräte und Maschinen zusammen, die ich oben genannt habe, soweit kleine Firmen sie in den verschiedensten Teilen Großbritanniens herstellen.

Als die Handelsmission nach Nigeria kam, waren ihre Angehörigen höchst erstaunt, denn man riß ihnen den Katalog förmlich aus den Händen. Die Leute dort sagten, ihr bringt uns zum erstenmal statt der üblichen Hochglanzprospekte etwas, was wir wirklich brauchen können. Diese Reaktion hat uns gezeigt, was zu tun war. Natürlich war das alles erst einmal ganz grob zusammengeschustert; wir wollten das Ganze auf eine breitere Basis stellen und nicht auf landwirtschaftliche Geräte beschränken. 1967 brachten wir dann einen großen Katalog heraus. Er hieß *Werkzeug für den Fort-*

schritt: Ein Handbuch für Kleintechnologien zur ländlichen Entwicklung. Nach zwanzig Jahren sogenannter Entwicklungshilfe mit einem Aufwand von vielen Milliarden Dollar hatte damit erstmals jemand einen Katalog brauchbarer Einrichtungen für Entwicklungsländer vorgelegt, und das war eine Sensation. Obwohl wir nur von einem kleinen Zimmer aus arbeiteten und keinerlei Verkaufsorganisation hatten, erreichte dieser Katalog Menschen auf der ganzen Welt. Die Sache warf sogar Gewinn ab; wir hatten Darlehen dafür aufgenommen, die wir jetzt zurückzahlen konnten.

Wer als Hersteller sein Erzeugnis in diesen Katalog aufgenommen haben wollte, mußte dafür bezahlen. Nun waren einige Artikel darin vertreten, die wir nicht gern sahen, dafür fehlten andere. Auch war er auf britische Firmen beschränkt, weil wir nicht das Geld hatten, umherzureisen. Es war insgesamt eine ziemlich oberflächliche Sache, und wir erkannten, daß wir tiefer in die Materie eindringen mußten, und zwar auf systematische Weise, Gegenstand für Gegenstand, so wie sich jeweils die Gelegenheit dazu bot. Wer etwas mit einiger Aussicht auf Erfolg tun will, muß sich als erstes entscheiden, ob er der großen und reichen Gesellschaft den Rücken zuwenden und allein im Hinterhof arbeiten oder sie für seine Zwecke einspannen will, so daß sie die Arbeit für einen tut. Wir fanden, die Dinge drängten viel zu sehr, als daß wir gemütlich vor uns hinwursteln konnten. Wir mußten Möglichkeiten finden, die übrige Gesellschaft an den uns gestellten Aufgaben zu beteiligen. Wie tut man das? Man muß dazu die Organisationsstruktur genau kennen. Nehmen wir eine Struktur, wie sie in der Natur vorkommt, mit vielen kleinen Zellen. Jeder Zelle kann man Menschen zuordnen. Eine einzige Zelle, die immer größer wird, ist nicht beweglich genug. Also nahmen wir uns einen Gegenstand nach dem anderen vor und setzten Ausschüsse ein, die jeweils auf ihn spezialisiert waren: Bauwesen, landwirtschaftliche Geräte, Wasser, Strom, ein genossenschaftlich organisiertes Gesundheitswesen auf dem Lande und so weiter. Sehen wir uns das Bauwesen an. Wir behandeln es wie ein eigenes kleines Unternehmen und bitten Außenstehende, uns auf ehrenamtlicher Basis zu beraten. Es gibt zahlreiche Menschen, die an so etwas interessiert sind. Oft kommen sie sogar zu uns und sagen, daß sie so etwas gerne machen wollen, und so funktioniert die Sache dann.

Der Bauausschuß bestand aus zwölf Leuten, die wir gebeten hatten, uns bei der Suche nach einer Lösung für die Wohnungsprobleme der Armen zu unterstützen. Wieso braucht man eigentlich in Zentralafrika südafrikanische, europäische oder amerikanische Baufirmen für die größeren Arbeiten? Was für Leute wollen wir in so einem Ausschuß haben? Es gibt in unseren Gesellschaften drei Hauptkräfte, die wir A, B und C nennen wollen. A ist die Regierung, sind Verwaltungsleute (Administratoren). Wir müssen sie auf unserer Seite haben. Wie können wir in dieser Organisation einen verständnisvollen Menschen finden, der zur Mitarbeit bereit ist? Das wäre der Faktor A. Auf der anderen Seite muß man auch sehen, daß die Regierung in Wirklichkeit nicht viel tun kann. Sie kann die Dinge aufhalten, kann sie finanzieren, ihre Mitglieder kennen alle Schliche und Kniffe, aber Regierungen sind keine Quelle wagemutiger Initiative und schöpferischer Kraft. Also brauchen wir auch noch einen Faktor B. B steht für Geschäftsleute (Business men). Immerhin leisten Geschäftsleute die Arbeit, außerdem verfügen sie über die nötigen Fachkenntnisse und wissen, wie man ein Unternehmen so leitet, daß man auch jeden Freitag die Löhne zahlen kann. Dieser Faktor muß ebenfalls unbedingt auf unserer Seite sein. Dann kommt der Faktor C, die Verbindungsleute (Communicatoren) – das heißt Kopfarbeiter, Akademiker aus verschiedenen Bereichen. Sie produzieren zwar nichts so Konkretes wie Salatköpfe oder Brot, wohl aber Gedanken, und sie behandeln die Dinge im allgemeinen (und ich meine das sehr freundlich) ziemlich leichthin. Sie machen eine Sache zu ihrer eigenen, lösen die Probleme, kennzeichnen das Ganze als streng geheim, heften es ab, machen die nächste Sache zu ihrer eigenen . . . Selbstverständlich ist das eine Hilfstruppe, aber sie genügt bei weitem nicht. Wenn irgendwo die Organisationskraft zu finden ist, diese Gedanken so in die Wirklichkeit umzusetzen, daß sie eine entsprechende Wirkung zeitigen, dann nur mit A, B und C gemeinsam. Hat jetzt zum Beispiel der Faktor C etwas Produktives geleistet und möchte daher die Sache als erledigt ablegen, kommt der Faktor B und sagt, wir haben Geld dafür ausgegeben und müssen jetzt auch etwas daraus machen, also her damit. Das aber ist dem Faktor C nicht recht. Er würde sich die Hände schmutzig machen, wenn er sich mit geschäftlichen Dingen abgäbe. Nun ja, jeder muß wissen, was er will. Wer eine Art Jungfräulichkeit auf diesem Gebiet bewahren will, kann nicht wirklich fruchtbar werden. Daher umfaßt jeder unserer Ausschüsse Angehörige dieser drei Gruppen. Wenn sie zusammenkommen, stellen sie fest, daß die Leute aus den jeweils anderen Gruppen, von denen sie nicht besonders viel gehalten haben, eigentlich gar nicht so übel sind. So etwas aber führt zu einer sehr erfreulichen und fruchtbaren Zusammenarbeit.

Es ist großartig, wenn man ehrenamtlich tätige Freiwillige hat, die zusammenkommen, um weise Ratschläge auszuteilen. Aber wer soll die Arbeit tun? Wir wollen aus den besten zugänglichen Quellen erfahren, was getan werden muß. Die Sache im Bauausschuß war dabei sehr interessant. Ich habe mir zum Beispiel schon immer alles sehr einfach und nicht besonders klug vorgestellt. Möglicherweise ist es mir gegeben, die Dinge auf ihre einfachste Grundform zurückzuführen, so daß ich Fragen stelle wie: Was ist denn überhaupt ein Gebäude? Und dann liefere ich die Antwort: vier Pfosten mit einem Dach darüber. Die Pfosten sind kein Problem, wohl aber das Dach. Also war ich der Ansicht, der Bauausschuß werde uns beraten, wie wir ein ordentliches Dach bauen könnten, das für arme Länder geeignet ist, uns auf Materialien dafür hinweisen und so weiter. Aber seine Mitglieder sagten etwas ganz anderes. Sie sagten, zum Bauen fehle nicht das Material, sondern das Problem liege darin, daß man zwar Architekten, Ingenieure, Maurer, Installateure und so weiter schon dafür ausbilde, aber den Mann, der die Fäden alle zusammenhalte und der das Ganze überwachen soll, völlig vergessen habe. Selbst wenn man eine neue Technik ausarbeitet, sind es doch diese Architekten, Bauingenieure und dergleichen, die damit arbeiten sollen. Und der Mann, der sie an diese ganze Kette von Leuten weitergibt, das ist der Bauunternehmer. Bei ihm muß man anfangen.

Wir wollten aber nicht viele Hunde zusammenholen, um dann selbst zu bellen, also fragten wir, als man uns diesen Rat gab, was wir in dieser Sache tun könnten.

Nun ja, man muß Leute zu Bauunternehmern ausbilden. Geht das überhaupt? Wollen sie ausgebildet werden? Sehen wir uns einmal an, wie die Dinge in Nigeria liegen. Es zeigte sich sehr rasch, daß die nigerianischen Bauunternehmer ausgesprochen lernwillig waren, sehr angenehme Menschen, und daraufhin wurde mehrere Jahre lang daran gearbeitet, das für einheimische Bauunternehmer gründlich erprobte Unterrichtsmaterial zu erstellen. Von Nigeria aus sprang die Sache dann auf Ostafrika und anderswohin über. Wir haben den Eindruck, daß wir auf diesem Gebiet eine Wissenslükke geschlossen haben. Wir wollten damit aber keine spezialisierte Einrichtung zur Ausbildung von Bauunternehmern werden. Jetzt kann es jeder tun, die Wissenslücke ist geschlossen.

Die Mitglieder des Bauausschusses sagten, *jetzt* könne man sich mit dem Baumaterial beschäftigen, insbesondere mit den Dächern. Sie bestätigten, daß meine instinktive Annahme durchaus richtig war. Wie aber baut man ein Dach, wenn man weder Stahl noch Bauholz hat? Was haben unsere Vorfahren getan? Sehr oft haben sie Gewölbe gebaut. Was können wir daraus lernen? Welche Methoden kommen in Frage? Und so weiter. An vielen Orten gibt es Bambus. Kann man ihn nach neuzeitlichen Erkenntnissen verarbeiten und die Sache dabei zugleich so einfach gestalten, daß der kleine Dörfler ein wirklich gutes Dach herstellen kann? Auf meinen Reisen um die Welt habe ich die Baubehörden immer gefragt, was für Materialien nötig seien, und sie sagten beispielsweise Wellblech, an anderen Orten Aluminium, und an wieder anderen Orten etwas anderes. Niemand hat sich wirklich darum gekümmert, jeder probiert einfach herum. Unser Bauausschuß beschäftigt sich jetzt mit dem Material und den Methoden für Dachkonstruktionen, und wir werden bald sehr aufschlußreiche Ergebnisse vorlegen können, die zeigen, was für erstaunliche Dinge sich mit äußerst einfachen Materialien tun lassen.

Das ist die Struktur der ITDG. Damit aber eine Gruppe arbeitsfähig ist, ordnen wir ihr ein ständiges bezahltes Mitglied bei. Das gelingt nicht immer. Alles wird als Einzelprojekt organisiert und muß getrennt finanziert werden, doch bekommen wir nicht immer die erforderlichen Mittel zusammen. In einem solchen Fall können wir kein ständiges Gruppenmitglied bezahlen, versuchen aber trotzdem, auf die eine oder andere Weise vorwärtszukommen. Normalerweise hat das ständige Ausschußmitglied die Aufgabe, eine Stelle zu finden, an der die Arbeit ausgeführt werden kann. Sagt beispielsweise die Gruppe für landwirtschaftliche Ausrüstung, daß wir uns auf der ganzen Welt nach wirklich brauchbaren landwirtschaftlichen Geräten umsehen und uns bemühen müssen, etwas Brauchbares zu bekommen, uns die Arbeitsbedingungen ansehen und die Ergebnisse veröffentlichen sollen, und zwar nicht so obenhin, sondern mit genauen Zeichnungen, so daß der Dorfschmied das Ganze mit ein wenig Hilfe an Ort und Stelle nachbauen kann – wo läßt man solche Arbeiten ausführen? Sicherlich nicht in der Industrie, sondern besser in einer akademischen Einrichtung. Daher haben wir uns in die britische Hochschule für Landwirtschaftstechnik, das National College of Agricultural Engineering, mit Sitz in Bedfordshire, ‹eingeschlichen›. Auf diesem Brückenkopf haben wir eine international arbeitende Gruppe ins Leben gerufen. Dort gibt es alles: Grund und Boden, Studenten und

Professoren, und wir haben Prototypen verschiedener Ausrüstungen beschafft. Sie haben wir untersucht und etwas darüber veröffentlicht, wenn wir mit unseren Ergebnissen rundum zufrieden waren. Aus unseren kleinen Broschüren wurde inzwischen eine ganze Reihe von Veröffentlichungen, die in alle Länder gehen. Sie beschreiben einfache landwirtschaftliche Geräte, die brauchbar sind und sich bewährt haben.

Die Arbeit unserer Abteilung brachte Studenten und Lehrende am National College dazu, ebenso zu denken wie wir. Unter anderem haben sie eine Maschine entwickelt, die man als ›Mini-Schreit-Schlepper‹ bezeichnen könnte. Es ist nicht besonders sinnvoll, einen äußerst teuren Ackerschlepper von zwei Tonnen Gewicht über das Feld hin- und herfahren zu lassen, der dabei die Erde zusammendrückt und den Bodenbakterien das Leben schwermacht, weil sie nicht richtig atmen können. Und das Ganze nur, um eine gebogene Schar aus Metall, einen Pflug, zu ziehen. Wäre es nicht einfacher und besser, wenn wir einfach den Pflug ziehen könnten, ohne den schweren Schlepper?

Ein junger Ingenieur im College – er heißt Barney Muckle – erinnerte sich, daß man vor Generationen für diesen Zweck semistationäre Antriebsmaschinen verwendete. Allerdings verfeinerten unsere Großeltern das Verfahren nicht, auch standen ihnen nicht die uns heute verfügbaren Maschinen zu Gebote. Also machte sich eine Gruppe daran, das alte Verfahren zu verbessern. Sie entwickelten eine Maschine, die sie Snail (Schnecke) nannten. Sie ist nicht zum Schnellpflügen auf einer Großfarm von zweitausend Morgen gedacht, wie sie in den Vereinigten Staaten üblich sind. Aber darum geht es in den Entwicklungsländern auch nicht.

Bauernhöfe haben dort drei, fünf oder sieben Morgen, so daß ein Schlepper dort eher lästig ist. Die Treibstoffkosten für die ‹Schnecke› betragen pro Morgen ein Hundertstel dessen, was für das Pflügen mit dem Schlepper aufgewendet werden muß, das heißt, man kann sie vernachlässigen. Auch der Kapitaleinsatz ist nur ein Hundertstel so hoch wie für einen Schlepper. Es handelt sich hier wirklich um eine Technik für die Armen, die definitionsgemäß im kleinen Rahmen arbeiten muß. Ich will damit nicht sagen, daß eine solche Maschine überall am Platz wäre, aber bestimmt vergrößert sie die Auswahl. Dies Maschinchen sieht aus wie eine Nähmaschine, man kann es unter den Arm nehmen und davontragen. Vielleicht sind für bestimmte Anwendungszwecke Ochsen die bessere Lösung und nicht diese Maschine. Das muß an Ort und Stelle entscheiden, wer die Arbeit zu verrichten hat. Der Vorteil liegt darin, daß die ‹Schnecke› keinen Stall, kein Futter (außer ein paar Tropfen Dieselöl) braucht, andererseits liefert sie auch keinen Dung, wohl aber der Ochse. Solche Lösungen kann man nicht am grünen Tisch gegeneinander abwägen, sondern nur in der Praxis. Aber immerhin gibt es jetzt eine Maschine, die so billig ist, daß der Bauer sie sich leisten kann, und die äußerst wenig Kraftstoff verbraucht.

Inzwischen haben wir so viele Veröffentlichungen herausgebracht, daß sich dieser Teil unserer Tätigkeiten verselbständigt hat und wir ihn aus der Hauptorganisation ausgegliedert haben. Diese Intermediate Technology Publications Limited befindet sich vollständig im Besitz der Stiftung, arbeitet aber wie ein Geschäftsunternehmen.

Bevor ich nach Burma kam, hatte es dort, etwa vierzig bis fünfzig Kilometer von einer Stadt entfernt, einen britischen Militärposten gegeben. Die Briten bezahlten einen Inder dafür, daß er ihnen mit Pferd und Wagen die Post brachte. Allerdings erstatteten sie ihm nicht seine vollständigen Kosten, denn er konnte auf der sehr verkehrsreichen Straße von diesem Militärposten zur Stadt, die von zahlreichen langsamen Ochsenkarren und sehr vielen Fußgängern benutzt wurde, mit seinem Wagen Fahrgäste befördern. Nachdem der Inder ein Jahr lang die Post in beide Richtungen transportiert hatte, sagte er, das sei ihm nicht weiterhin zum vereinbarten Preis möglich. Nach dem Grund gefragt, erklärte er, daß er keine Fahrgäste bekomme. Woran das liege? Sein Wagen sei doch bequem, der Preis durchaus angemessen, viele Menschen seien auf der Straße unterwegs, und sie alle verfügten über Geld. Schließlich schlug jemand vor – wahrscheinlich hatte er in Harvard Wirtschaftstheorie studiert –, man möge die Verbraucher befragen. Das geschah. Man befragte die Menschen, die vierzig Kilometer in der heißen Sonne zu Fuß gingen, warum sie nicht statt dessen den Wagen nähmen, der doch nur einige Rupien koste. Sie gaben zur Antwort: «Seht euch doch die Pferde an. Die dürfte man eigentlich an keinen Wagen spannen, sondern müßte sie sich auf der Weide erst einmal satt fressen lassen. Niemals würden wir uns so weit erniedrigen, uns von Pferden ziehen zu lassen, die so schlecht im Futter stehen. Lieber gehen wir zu Fuß.»

Bevor wir etwas veröffentlichen können, müssen wir ganz sicher sein, daß die Sache funktioniert, und zwar nicht einfach nur technisch funktioniert, sie muß auch gesellschaftlich annehmbar sein. Wir sind ziemlich stolz auf eine Entwicklung, die von unserer Landwirtschaftsgruppe eingeleitet wurde. Die Mechanisierung in der Landwirtschaft hat großenteils versagt, und wir fragten uns, woran das lag. Der Einfachheit halber stellen wir uns vor, jemand habe eine phantastische Maschine oder ein großartiges Gerät zur Unkrautbekämpfung, von der er glaube, daß die Menschen dort eine solche Maschine brauchen. Also geht er zu ihnen hin und führt ihnen dies Wunderwerk der Technik vor. Sie wollen es selbstverständlich haben, denn sie erliegen dem Zauber der Technik genauso wie wir. Dann kommt man nach einem Jahr wieder hin, und die Maschine rostet in irgendeiner Ecke vor sich hin. Sie ist für diese Menschen völlig unbrauchbar. Also vergewissern wir uns, was wirklich gebraucht wird. Gebraucht wird etwas dann, wenn die Leute mit ihren gegenwärtigen Verfahren die Arbeit nicht ordentlich erledigen können, weil zuviel zu tun ist.

Man muß die Arbeitsbelastung im Verlauf der ersten Monate des Arbeitsjahres messen. Dabei zeigt sich die charakteristische Kurve mit einem Gipfel zu dem Zeitpunkt, da alle auf dem Feld sind, und mit Talsohlen, wenn alle herumsitzen und nichts zu tun haben. Gelegentlich treten mehrere Gipfel auf. Dann sagt jemand, hier an diesem Gipfel haben sie zuviel zu tun, und wenn man sie da nicht unterstützt, hilft man ihnen nicht wirklich. Hier muß also eine mechanische Hilfe her. Da unten mag das zwar mühevoll sein, aber es sind auch nur wenige Arbeitskräfte damit beschäftigt. Setzt man jetzt kapitalintensive Maschinen zur Verminderung der benötigten Zahl an Arbeitskräften ein, vergrößert man lediglich die Zahl der vorhandenen Geräte und blutet das Dorf finanziell aus. Damit tut man ihnen ganz und gar keinen Gefallen. Der Vorgang ist nunmehr auf so einfache Schritte zurückgeführt worden, daß für die im Zusammenhang damit erforderlichen Erwägungen keine akademisch ausgebildeten Kräfte mehr nötig sind. Daher lassen wir diese Arbeit von Schulabgängern erledigen. Bei uns wird nicht ganz allgemein von einer Mechanisierung der Landwirtschaft gesprochen, sondern erst, nachdem dieser Prozeß stattgefunden hat, mit Bezug auf bestimmte Örtlichkeiten. Es gibt dann auch keine Schwierigkeiten damit, ob die Bauern die Mechanisierung annehmen oder nicht, denn sie wissen genau, was gut und was schlecht für sie ist. Wenn man sie nicht mit finanzieller Unterstützung blendet und sie selbst für ihre Investitionen aufkommen läßt, sind sie sehr umsichtig,

Und selbstverständlich müssen sie für alles selbst zahlen, denn wir haben kein Geld.

Viele der bisher von uns entwickelten technischen Verfahren sollen Kapital einsparen. Da sie das tun, sind sie für die Armen erschwinglich. Viele von ihnen sind aber zu arbeitsintensiv, sie verlangen einen zu großen Arbeitseinsatz. Wir sind stets auf der Suche nach Verbesserungen. Wir sagen nie, arbeitsintensive Verfahren seien anzustreben, denn schwere körperliche Arbeit hat nichts besonders Wünschenswertes an sich.

Zur Aufrechterhaltung enger Kontakte mit der Industrie haben wir eine Abteilung, die wir Intermediate Technology Industrial Services nennen. Sie wird jetzt vom britischen Ministerium für Entwicklungshilfe finanziert. Es hat sich gezeigt, daß das Ministerium nur dann wirksam arbeiten kann, wenn es enge Kontakte zur Industrie hat. Es ist für Regierungsstellen wegen der Vorschriften aber ungeheuer schwierig, mit der Industrie zusammenzuarbeiten. Die Industriebosse denken, hier ist viel Geld, vielleicht ist da etwas für uns zu holen. Das ist für die Regierung problematisch. Also arbeitet die Regierung mit uns zuammen, der Industrielle arbeitet auf seinem Gebiet, und wir arbeiten mit der Industrie zusammen. Damit sind wir sozusagen das Ausgleichsgetriebe zwischen diesen beiden Rädern, die mit unterschiedlicher Umdrehungsgeschwindigkeit laufen.

Noch zwei weitere Punkte sind zu beachten. Wir wollen den Armen helfen. Aber nicht jeder in den armen Ländern ist arm. Einige arme Länder haben weit mehr Geld, als gut für sie ist, beispielsweise die OPEC-Länder. Warum sollen wir den OPEC-Ländern Gutes tun? Wenn man mich dorthin ruft, lege ich den Mantel der Mildtätigkeit ab und schlüpfe in die Rolle des Geschäftsmannes. Dafür gibt es ein weiteres Unternehmen, nämlich die Intermediate Technology Services Limited, ein reines Geschäftsunternehmen. Mit seiner Hilfe bringe ich die Petro-Dollars erneut in Umlauf. Das kommt uns bei der Finanzierung unserer Hilfsaufgaben zugute.

Die letzte Schwierigkeit liegt darin, die Menschen zu erreichen, für die wir in der Dritten Welt arbeiten. Wie erreicht man zwei Millionen Dörfer? Darauf gibt es keine einfache Antwort. Wir versuchen, die Entwicklungsländer dazu zu bringen, daß sie jeweils im eigenen Land eine der unsrigen entsprechende Organisation einrichten. Nehmen wir als Beispiel dafür Sri Lanka, das letzte Land, das ich vor einigen Monaten besucht habe. Wenn es in Colombo eine solche Organisation für Mittlere Technik gibt, sind die Aussichten, mit den kleinen Leuten in Sri Lanka in Berührung zu kommen, weit besser, als wenn diese Organisation in London besteht. Der Idealfall sähe so aus, daß ich nur mit diesen entsprechenden Gruppen auf der ganzen Welt arbeitete und zwischen ihnen ein Netz herstellte. Das wäre mir auch am liebsten. Es ist bereits eine ganze Anzahl dieser Gruppen ins Leben gerufen worden, und zwar nicht von uns, sondern von den Entwicklungsländern. Sie sind ausschließlich im jeweiligen Land entstanden. Einige von ihnen haben dabei mehr Erfolg als andere. Ich glaube, die erfolgreichsten befinden sich in Ghana und Indien; sie existieren schon eine Reihe von Jahren. Sie stehen wirklich auf eigenen Füßen, und wenn jemand in Ghana oder Indien unsere Hilfe wünscht, können wir sofort sagen, wenden Sie sich doch zuerst einmal an das Zentrum für technische Beratung in Kumasi/Ghana oder an die Entwicklungsgesellschaft für angepaßte Technologie in Lucknow/Indien. Und wenn sie unsere Hilfe brauchen, finden sie auch Wege, uns zu erreichen. Das Ganze muß ein zusammenhängendes Netz werden, sonst läßt es sich nicht handhaben.

Das gilt auch für die reichen Länder. Gegenwärtig, und das überrascht nicht sehr, erkennen die reichen Länder allmählich ihre eigenen Probleme, nämlich daß die Landgebiete von Menschen entleert werden, daß in diesen Regionen Entwicklungspolitik stattfinden muß, von der wir bisher annahmen, sie sei nur für die Dritte Welt vonnöten. Also haben sich in einigen Industrieländern Gruppen für Mittlere Technik gebildet, die im eigenen Land arbeiten.

Zusammengefaßt gründet das Tun der ITDG auf fünf Überzeugungen:

Die Armut auf der Welt hat ihren Ursprung vor allem in den ländlichen Gebieten armer Länder; dort ist sie auch am schlimmsten. Diese Gebiete sind gewöhnlich von der gegenwärtig praktizierten Entwicklung ausgeschlossen.

Ländliche Gebiete werden auch weiterhin davon ausgeschlossen bleiben, und Arbeitslosigkeit sowie Landflucht werden weiterhin zunehmen, wenn nicht wirksame technische Verfahren im kleinen Maßstab zur Verfügung stehen, bei deren Anwendung man Hilfestellung leisten muß.

Die Länder und Behörden, die Hilfe gewähren, verfügen gegenwärtig nicht über das notwendige organisierte Wissen über angemessene und den Gegebenheiten in armen Ländern angepaßte technische Verfahren, und auch nicht über die Kommunikationskanäle. Daher sind sie nicht in der Lage, im erforderlichen Umfang bei der Entwicklung der ländlichen Gebiete mitzuhelfen.

Bei Entwicklungsfragen liegt die Schwierigkeit darin, daß man die richtige ‹technische Stufe› findet, um unter den jeweiligen Umständen das Richtige zu tun. Anders gesagt, es gibt eine *Auswahl* technischer Verfahren. Man darf nicht davon ausgehen, daß die Stufe der technischen Verfahren, auf der wohlhabende Länder arbeiten, die einzig mögliche ist, ganz davon zu schweigen, daß sie für arme Wirtschaftssysteme nicht unbedingt die beste zu sein braucht.

Am wahrscheinlichsten ist, daß solche technischen Verfahren sich am ehesten für die Entwicklung in armen Gesellschaften eignen, die in gewisser Hinsicht, symbolisch gesprochen, in der Mitte zwischen der Hacke und dem Schlepper oder der Sichel und dem Mähdrescher liegen.

Ein Wissen auf dieser mittleren Stufe und die zugehörige Ausrüstung waren vielerorts schon gegeben, doch vermochte niemand zu sagen, was für *Lücken* bestanden. Außerdem konnte man nirgendwo auf der Welt dann an dies Wissen gelangen, wenn die Menschen, die seiner am meisten bedurften, es brauchten. Als *Entwicklung* der Mittleren Technik bezeichne ich das Tun, mit dessen Hilfe diese Art von Wissen zutage gefördert, systematisiert, erforderlichenfalls vervollständigt und zu einem weltweiten System von Wissenszentren organisiert wird, innerhalb dessen es leicht aufzufinden ist.

Zehn Jahre Arbeit auf diesem Gebiet haben der Gruppe reichlich Anzeichen dafür geliefert, daß die Wissenslücke, die zu schließen sie sich zur Aufgabe gesetzt hatte, sehr groß ist. Insgesamt gesehen gibt es keine gute Dokumentation technischer Verfahren zum Einsatz von und in solchen Gemeinschaften, denen eine Vielzahl von Arbeitskräften, aber nur geringe Kapitalmittel zur Verfügung stehen und in denen Technik und Infrastruktur nicht besonders hoch entwickelt sind. Außerdem kommt man schlecht an sie heran. In vielen Fällen gibt es sie überhaupt nicht. Man kann zahlreiche Beispiele dafür aufzählen, daß das erforderliche Wissen und die zugehörige Ausrüstung früher einmal vorhanden waren, aber entsprechend dem bekannten Drang des ‹Besseren›, Feind des ‹Guten› zu sein, praktisch verschwunden sind. Selbstverständlich ist das an sich fortschrittlich und daher zu begrüßen. Nur darf es nicht eine große Zahl von Menschen verarmen lassen, die sich das ‹Bessere› nicht leisten können, wohl aber das zugehörige ‹Gute›.

IV
Über angemessene Formen des Eigentums

«Das Hauptziel der modernen Industriegesellschaft liegt nicht darin, daß der Mensch in der Arbeit Befriedigung findet, sondern in der Produktivitätssteigerung. Arbeitsersparnis ist ihre stolzeste Errungenschaft, und damit stellt sie Arbeit als etwas Unerwünschtes hin. Etwas, was nicht wünschenswert ist, kann aber keine Würde verleihen. Mithin ist das Arbeitsleben eines Werktätigen ohne Würde.»

Es war eine rauschende Ballnacht. Jetzt müssen wir zusehen, wie wir mit dem Kater fertig werden. Ich will damit nicht sagen, daß wir dem Weltuntergang nahe sind, aber wir haben in den vergangenen (rund) hundert Jahren, in denen billige fossile Brennstoffe reichlich zur Verfügung standen, mit ihrer Hilfe und begünstigt durch einige weitere Umstände bestimmte Lebensweisen geschaffen. Welche weiteren Umstände waren das? Werfen wir einen Blick zurück auf unsere rauschende Ballnacht. Einige von uns haben sie genossen. In den Tanzpausen unterhielten uns drei große Illusionisten, sozusagen Zauberer. Der eine gaukelte uns vor, irgendwie und wider alle Naturgesetze sei ein grenzenloses Wachstum auf einem begrenzten Planeten möglich. Selbstverständlich sind viele Menschen recht lange gegen diese Täuschung zu Felde gezogen. Endgültig entlarvt wurde sie dann durch den Bericht über *Die Grenzen des Wachstums*. Da merkten die Menschen plötzlich auf, denn hier hatte gleichsam der Computer gesprochen und nicht bloß die Stimme von anderen Menschen.

Der zweite Entertainer verkündete, auf Grund eines eigentümlichen Naturgesetzes stehe eine unbegrenzte Anzahl von Menschen zur Verfügung, die bereit seien, gegen eine recht bescheidene Entlohnung sinnentleerte, monotone Arbeit zu tun – es war dieselbe Art von Illusion, der man sich schon in Sklavenhaltergesellschaften über die Sklaven hingegeben hatte. Jetzt werden diese Menschen wach, entdecken ihre Macht und merken, daß ohne sie die Ballnacht nie hätte stattfinden können, daß es ohne sie nicht, auf jeden Fall aber weit schlechter geht als ohne uns. Das bedeutet einen grundlegenden Wandel in den Machtverhältnissen, die nicht in allen Ländern gleich aussehen. Einige Länder sind bei dieser Entwicklung weiter vorangeschritten, und andere hinken hinterher. Wir müssen das industrielle System neu überdenken.

Die dritte Illusion (und sie geht immer noch um) heißt: Wissenschaft kann alle Probleme lösen. Ich zweifle nicht daran, daß Wissenschaft jede Aufgabe lösen kann, die man ihr klar definiert. Aber ich weiß aus Erfahrung, daß sie in der Lösung von Problem A eine ganze Zahl neuer Probleme schafft. Es sollte nachdenklich stimmen, daß heute mehr Wissenschaftler leben als in allen früheren Menschheitsepochen zusammen. Was tun sie alle? Sie lösen Probleme und zwar äußerst erfolgreich. Werden sie denn nicht eines Tages ohne Probleme dastehen? Nein, es kommen immer neue hinzu. Es scheint ein Faß ohne Boden zu sein, und sie wachsen schneller nach, als wir sie lösen können. An dieser Stelle müssen wir fragen: Was geht denn bloß hier vor? Auf der Höhe des Erfolges, zu einem Zeitpunkt, da uns technische Möglichkeiten zu Gebote stehen wie nie zuvor in der Menschheitsgeschichte, liest man überall nur noch, daß es ums Überleben geht. Was haben unsere Vorfahren getan? Sie haben offensichtlich ohne all diese Wissenschaftler überlebt und auch ohne all diese Probleme. Wir müssen uns also fragen, ob bei der Entwicklung der Technik, dieses höchsten Gutes, das wir für unser materielles Dasein haben, etwas schiefgegangen ist. Diese Zauberkünstler haben sich als Truggestalten erwiesen. Wir aber tun nach wie vor so, als kämen sie wieder. Sie können nicht wiederkommen. Wir haben eine ganz spezielle Technik geschaffen, und sie beruht auf der Verfügbarkeit großer Mengen an fossilen Brennstoffen und zahlreicher Arbeitskräfte, die sich herumkommandieren, an Fließbänder stellen ließen und so weiter.

Diese Technik geht mit allem Leben um uns herum sehr rüde um. Die Natur kann manches vertragen, sie ist leidensfähig und hat großzügig bemessene Toleranzspielräume. Aber die massiven Angriffe, die wir gegen sie geführt haben, belasten die Umwelt übermäßig, wenn auch bisher nur punktuell. Hinzu kommt, daß diese Technik auch hinsichtlich ihres Rohstoffbedarfs äußerst wählerisch ist, vor allem was die Brennstoffe angeht. Über den Zeitpunkt ließe sich noch streiten, doch daß wir früher oder später, und ich meine: eher früher als später, lernen müssen, mit weit weniger fossilen Brennstoffen (ich nenne sie Brennstoffkapital) auszukommen, darüber besteht wohl kein Zweifel. Wir werden dann verstärkt auf Brennstoffeinkommen in Form von Sonnen-, Wind- und Wasserenergie zurückgreifen müssen. Diese aber fallen immer nur in geringen Mengen an und können in technischen Großformen nicht eingesetzt werden, die auf riesige Konzentrationen von Brennstoff angewiesen sind. Mithin sind all diese Probleme eng mit der genannten technischen Entwicklung verknüpft, die auf ihre Weise folgerichtig war, es aber jetzt nicht mehr ist. Also werden wir irgendwie einen Ausweg aus dem Dilemma finden müssen, das die letzten hundert Jahre uns hinterlassen haben.

Was können wir tun? Wir sollten uns um die Probleme kümmern, die wir zu lösen vermögen. Ich erinnere mich an eine Unterhaltung zwischen einer älteren und einer jüngeren Dame. Die junge Dame stand kurz davor zu heiraten und bat die ältere Dame, ihr zu verraten, wie sie es nach so langer Ehe nur fertigbringe, stets einer Meinung mit ihrem Mann zu sein. Dazu meinte die Ältere, das sei ganz einfach, da sie sich um die unwichtigen und er sich um die wichtigen Angelegenheiten kümmere. Die junge Dame wollte gern ein Beispiel dafür hören. Nun ja, die Einteilung des Einkommens sei ihre Sache, welche Schule die Kinder besuchen, ob die Familie umziehe und wohin. Daraufhin wollte die junge Dame wissen, worum sich denn der Mann noch kümmere. Eben, um die großen Probleme, ob zum Beispiel China in die UNO aufgenommen werden soll oder wie die Regierung umzubilden sei. So also geht das, und wir laufen ständig Gefahr, angesichts dieser Dinge zu schlau zu werden und nicht zu merken, was wir eigentlich zu tun imstande sind. Es ist einfach verblüffend, mit wie wenig Theorie man auskommen kann, wenn man die Ärmel aufkrempelt und sich an die Arbeit macht.

Wir müssen tun, was wir für richtig halten, und dürfen uns nicht den Kopf darüber zerbrechen oder unsere Seele damit belasten, ob uns das auch gelingen wird. Wenn wir nicht das Richtige tun, tun wir bestimmt das Falsche. Dann aber sind wir Teil der Krankheit, statt etwas zur Heilung beizutragen. Meine einzige Aufgabe, die einzige wirkliche Aufgabe, die wir haben, ist es, nach besten Kräften den kleinen Leuten zu helfen, die sich nicht selbst helfen können. Wer die bessere Ausbildung und die anderen Vorteile, die er aus seiner gesellschaftlichen Stellung hat, nur dazu nutzt, eine Art Gewerkschaft der Privilegierten zu bilden, dessen Seele ist so verdunkelt, daß sein Leben nicht lebenswert ist. Die Bedürfnisse dieser kleinen Leute, die sich nicht selbst helfen können, sind sehr einfach. Sie wollen gar nicht nach den Sternen greifen, sie wollen nur wissen, woher die morgige Mahlzeit kommt. Sie möchten ein Dach über dem Kopf, etwas zum Anziehen und ein wenig Bildung und Unterhaltung. Wenn wir als Gesellschaft einen Teil unserer Mittel für die Untersuchung dieser bescheidenen Bedürfnisse aufwenden, meine ich, daß der Weg frei ist.

Man kann heute nicht leben, ohne sich mit China zu beschäftigen, denn dort hat sich der größte Wandel im zwanzigsten Jahrhundert vollzogen. Dies riesige Land, das so viele Jahrzehnte lang auf den Tod krank darniederlag, springt mit einemmal, im Verlauf einer Generation, auf und heilt sich selbst. Die Menschen haben zu essen, sie sind fröhlich, jeder arbeitet, arbeitet gern. Sie alle sind wenn auch eintönig, so doch angemessen gekleidet, den Kindern geht es ausgezeichnet, sie strahlen vor Lebensfreude. Wer dies Bild mit dem China aus den zwanziger und dreißiger Jahren vergleicht, sieht einen wunderbaren Wandel. Es ist immer noch eine äußerst arme, aber doch eine Gesellschaft, in der die Grundbedürfnisse der Menschen erfüllt werden.

Viel ist geschehen. Die Jahre des größten Leidens begannen praktisch mit der Abdankung der Mandschus 1911, bis Mao 1948/49 das Ruder übernahm. Aus diesem Leiden gingen einige Menschen von zweifellos außergewöhnlicher Geisteskraft und menschlicher Größe hervor, wie beispielsweise Mao selbst und Tschou En-lai. Sie haben dort eine neue Gesellschaft aufgebaut. Als Ökonom würde ich sagen, daß sie in erster Linie das Ruder der Wirtschaft herumgeworfen haben. In unserer Wirtschaftstheorie heißt es, man dürfe nur dann etwas tun oder produzieren, wenn man ganz sicher sei, daß man es nicht von außerhalb billiger beziehen kann. In Puerto Rico, auf einer von blühender Natur strotzenden Insel, sah ich, daß man die Möhren aus Texas einführte! Man darf in Puerto Rico keine Möhren produzieren, wenn sie aus Texas billiger zu beziehen sind – so funktioniert unser System. In China hat man das auf den Kopf gestellt und gesagt: Man darf erst dann etwas von außerhalb kaufen, wenn man ganz sicher ist, daß man es nicht selbst machen kann. So einfach ist das. Wer sagt, man dürfe erst erzeugen, wenn man ganz sicher sei, daß man es nicht billiger anderswo bekommen kann, hält die Entwicklung auf. Aber wo gesagt wird, man dürfe erst dann etwas kaufen, wenn man es wirklich nicht selbst machen kann, dort gibt es für jeden etwas zu tun und für jeden einen wirtschaftlichen Anreiz.

Die Chinesen haben aber noch einen anderen wichtigen Gedanken bewußt gemacht: daß nämlich ein Bauer dreißig Jahre lang arbeiten muß, damit ein junger Mensch ein Jahr lang an der Universität studieren kann. Wer also fünf Jahre lang studiert, verbraucht einhundertfünfzig Bauern-Arbeitsjahre. So fragte der böse alte Mao: Nun, junger Mensch, was bekommen die Bauern als Gegenleistung dafür? Immerhin ist China eine große bäuerliche Gesellschaft, und man hat dich auf Kosten der Bauern fünf Jahre lang ausgebildet. Du hast also einhundertfünfzig Bauernarbeitsjahre verbraucht. Statt in ein vornehmes Viertel von Shanghai zu ziehen, gehst du jetzt in ein abgelegenes Dorf und läßt den Bauern etwas von dem zugute kommen, was du gelernt hast. Die jungen Menschen gingen auf die Dörfer und merkten, daß sie nichts hatten, was sie den Bauern geben konnten. Nichts von dem, was sie gelernt hatten, hatte einen praktischen Wert. Sie konnten ohne Hilfe einer Waage, die weit mehr kostete, als das ganze Dorf verdiente, nicht einmal Säuglinge wiegen. Sie kehrten zurück und sagten, wir lernen an der Universität nichts Nützliches (das hat wunderbare Auswirkungen auf den Studienplan).

Darauf tat man den nächsten Schritt und sagte, man müsse eben auf beiden Füßen gehen: eine typisch chinesische Vorstellung. Eine kurze Zeit des Lernens, dann eine kurze Zeit des Arbeitens. Niemand ist zu gut zu ordentlicher körperlicher Arbeit. Jeder muß die Wirklichkeit der Dinge erfahren. Wer nicht arbeitet, weiß nichts von ihr. Er weiß nur, was in den Büchern steht. Allenthalben haben die Chinesen darauf bestanden, daß die Menschen ihre Technik im kleinen Rahmen entwickeln und entsprechende Erfahrungen sammeln.

Dieser Wandel in China gründete auf der Vorstellung vom ‹learning by doing›. Nicht im engen Sinne der extremen Linken, daß allein die Arbeiter überhaupt etwas wissen, sondern entsprechend Maos Lehre, die darauf abzielt, daß der Unternehmensleiter oder der Intellektuelle hingehen und von den Arbeitern lernen muß. Dann muß er das Gelernte in seine Studien zurückwirken lassen, eine Theorie daraus machen und daraufhin die Arbeiter lehren. *Das* ist der richtige Weg. Geht man ihn nur zur Hälfte, das heißt lernen entweder nur die Arbeiter oder nur die Unternehmensführer, taugt die Theorie wahrscheinlich nicht viel.

Wir von der ITDG werden zunehmend dafür kritisiert, daß wir alle unsere bescheidenen Bemühungen auf die Dritte Welt richten. Von überall her hören wir: «Und wir? Wir brauchen eine Mittlere Technik – eine wirksame Technik.» Die Verwaltung einer kanadischen Provinz sagte uns: «Wir hören, daß Sie sich mit einer Mittleren Technik für Landgebiete beschäftigen. Sehen Sie doch nur, was aus unserer Provinz wird. Wir sind eine *Kolonie* Torontos. Man hat uns zur Monokultur verdammt: Weizen, Weizen, nichts als Weizen. Das Leben wird unerträglich langweilig. Alles, was wir früher selbst gemacht haben, kommt jetzt in Cellophan verpackt aus Toronto. Die jungen Leute gehen auf und davon», sagten sie. «Das Durchschnittsalter der Landbevölkerung in der Provinz Saskatchewan beträgt 66 Jahre. Wir sind eine sterbende Gesellschaft! Wir wollen aber nicht sterben, die Jungen sollen bleiben, und sie selbst wollen gar nicht gehen und sich in Toronto zusammenpferchen müssen. Aber außer Weizen gibt es nichts. Könnte eure Mittlere Technik uns möglicherweise helfen?»

Es war Mittag, und man stellte mir Brot auf den Tisch. Ich sah mir dies (fertig geschnittene) brotähnliche Erzeugnis an und fragte: «Woher kommt das?» «Toronto.» – «Und der Weizen dafür?» – «Der kommt vielleicht aus Saskatchewan.» – «Und warum, wenn ich fragen darf, macht ihr in Saskatchewan euer Brot nicht selbst?» – «Das wäre bestimmt total unwirtschaftlich!» Die Antwort lag auf der Hand: «Überlegt euch, ob ihr wirtschaftlich sterben oder unwirtschaftlich weiterleben wollt.»

Wenn die Menschen nur einen Teil ihrer Intelligenz darauf verwenden wollten, systematisch eine Technik in kleinem Maßstab zu entwickeln, die ihrem Gebiet angepaßt wäre, könnten sie sicherlich auch wirtschaftlich weiterleben, statt nur wirtschaftlich zu sterben. Eine solche Vorstellung läßt sich aber nicht immer einfach an Menschen herantragen, die sich in ihrer Mehrzahl nur das vorstellen können, was ihnen gerade vor Augen kommt. Sie sagen, ihrer Lebenserfahrung nach sei das genaue Gegenteil der Fall, und man möge sie mit so verrückten Einfällen verschonen.

Wir hatten sehr aufschlußreiche Verhandlungen mit der Ziegeleiindustrie in Großbritannien. Vor hundert Jahren erzeugte eine Ziegelei zehntausend Ziegel pro Woche. Vor etwa fünfzig Jahren waren es bereits hunderttausend, vor rund zehn Jahren eine Million, und inzwischen sind es zwei oder drei. Was bedeutet das? Es bedeutet riesige Fabriken, die ihren Standort entweder in der Nähe der größten Märkte haben oder sehr stark auf das Transportwesen angewiesen sind. Angesichts der gestiegenen Preise für Transport, Öl und Arbeitskräfte kostet es ebensoviel, einen Ziegel dreihundert Kilometer weit ins Land zu schicken, wie ihn herzustellen. Daher ist ein Ziegeleigigant, dessen Markt sich über das ganze Land erstreckt, auch wirtschaftlich gesehen Unsinn. Dieser wirtschaftliche Unsinn wird erst dann abgestellt, wenn jemand eine wirksam arbeitende Kleinziegelei errichtet. Gegenwärtig glaubt aber niemand, daß das möglich ist, und so werden Ziegel einfach immer teurer. Es fehlt ein Korrektiv. Unsere Aufgabe ist es, unsere Freunde in der Großindustrie dazu zu bringen, daß sie entsprechende Entwurfsstudien vornehmen. Wir haben damit, vor allem für die

Entwicklungsländer, bereits viel erreicht. Zur gleichen Zeit baut unser Ziegeleifachmann eine riesige Ziegelei in England, in der Nähe von Bristol, wo ein großer Markt besteht – und eine Kleinziegelei in Ghana.

Die Menschen sagen, man müsse Altpapier wiederaufbereiten – denken sie aber wirklich gründlich darüber nach? Beispielsweise verteilt eine riesige Papierfabrik oder Druckerei – sagen wir die der Süddeutschen Zeitung – das Papier über das ganze Land. Soll man das jetzt sammeln und an eine Stelle bringen? Das wäre töricht, und es kann unmöglich lohnen. Es würde zu hohe Transportkosten verursachen. Ist das Papier erst einmal über das ganze Land verteilt, kann es jeweils nur in vergleichsweise geringen Mengen zurückgewonnen werden. Als ich vor nicht allzu langer Zeit darüber sprach, kam anschließend ein Herr vom größten Papierhersteller Großbritanniens auf mich zu. Er war interessiert und fragte, ob wir tatsächlich an diesem Projekt arbeiteten. Ja, sagte ich, wir wollen unbedingt eine kleine Papieraufbereitungsanlage herstellen. Wir wissen, daß es große gibt, aber die sind nur in den größten Ballungsgebieten sinnvoll, in den allergrößten Megalopolen. Natürlich, sagte er, gehe das auch im kleinen Rahmen. Sie hätten zwar noch nie darüber nachgedacht, besäßen aber eine Art Forschungsmodell in Gestalt einer kleinen Papierfabrik. Wir sollten doch einfach einmal kommen und uns bei ihnen umsehen. Das haben wir dann getan, und, um es kurz zu machen, sie haben uns recht gegeben und der Auffassung zugestimmt, daß so die Zukunft aussehen werde. Wir durften ihre Forschungsunterlagen einsehen und ihre Entwürfe benutzen, um die Anlage zu vervollkommnen. Die Design-Studien sind jetzt fertig. Und das alles kostenlos.

Nun fragt man sich doch, wenn die so großzügig sind und wo im Geschäftsleben eine Hand die andere wäscht – welchen Vorteil haben die davon, daß sie uns all diese Möglichkeiten zur Verfügung stellen? Wenn sie ganz ehrlich sind, sagen sie, so wie ihr Unternehmen gewachsen und strukturiert sei, könnten sie nach einer bestimmten Zeit mit einer Anlage für zwanzig Millionen Mark aufwarten. Aber hundert kleine Aufträge, damit könnten sie nichts anfangen. Sie sind also überglücklich, daß wir diese Sache vorantreiben, denn vielleicht könnte das, wenn es fertig ist, einmal ihr ‹Rettungsboot› werden.

Ich wurde eingeladen, einen sehr großen landwirtschaftlichen Betrieb in Südengland zu besichtigen. Der Inhaber war Mitglied der Soil Association, und zwar schon von Anfang an, seit 1947. Seinen Betrieb aber leitete er nach völlig anderen Gesichtspunkten – starker Einsatz von Chemikalien und so weiter. Er war sehr besorgt, als er mir zeigte, wie abhängig er vom industriellen System geworden war, und er meinte, wenn wirklich mal etwas schief ginge, würde gleich sein Betrieb zusammenbrechen. Er war sehr unglücklich. Als wir dann den Betrieb besichtigten – er war so groß, daß wir mit einem Land-Rover fuhren –, hielt er an und sagte: «Sehen Sie das Land dahinten? Das sind zweihundert Morgen, die demnächst zum Verkauf stehen. Ich glaube, ich kaufe sie, sie würden meinen Besitz gut abrunden.» Und ich fragte ihn: «Wie wollen Sie das Land bestellen?» – «Nun, genauso wie die anderen zweitausend.» – «Und warum? Sie machen sich Sorgen, weil Sie meinen, daß Sie nicht das richtige System haben. Warum nehmen Sie das nicht als Ihr Rettungsboot? Machen Sie sich mit einem alternativen Anbausystem vertraut. Man kann das nicht aus Büchern lernen, man muß es einfach tun!» Er sagte: «Sie haben völlig recht. Das sollten wir tun. Aber der Besitz hier gehört gar nicht mir, sondern einem Konsortium, und ich zweifle sehr, ob meine Mitdirektoren der Sache zustimmen werden.» Nach sechs Monaten bekam ich einen Brief von ihm. Er zeigte sich sehr glücklich darüber, daß seine Mitdirektoren zugestimmt hatten. Sie betreiben das Unternehmen jetzt sozusagen als Rettungsboot, probieren die entgegengesetzten, die organischen Verfahren aus und sind nicht vom großindustriellen System abhängig. Es erwies sich übrigens, daß seine Mitdirektoren sein Sohn und sein Neffe waren. Es herrschte Einklang in der Familie.

Es ist sehr aufschlußreich zu sehen, woher die Unterstützung und woher der Widerstand kommt. Unterstützung kommt normalerweise von Menschen in großen Unternehmen. Offensichtlich haben sie sich ihr Leben lang mit der Wirklichkeit herumschlagen müssen, so daß sie diese Dinge verstehen können. Aber es klingt seltsam, die Intellektuellen, die am wachesten sein sollten, legen sich quer. Sie stellen seltsame Fragen und sagen, selbst wenn das alles stimme – wie könne man gewährleisten, daß diese Mittlere Technik, wenn sie erst einmal eingeführt sei, nicht auch wieder zur großen Technik wird? Solche Fragen gehen wie Tangenten ins Leere. Oder sie sagen, das sei alles gut und schön, aber in *Wirklichkeit* könne man nichts tun, weil das System es nicht zuläßt. Oder sie versuchen, mich in Diskussionen darüber hineinzuziehen, ob ich für oder gegen das Wachstum bin. Diese Haltung macht mir Sorgen. Wir brauchen die Offenheit, den Realismus und die Härte derer, die sich im Geschäftsleben bewährt haben – zu unserer Unterstützung. Aber wir brauchen auch die Intellektuellen, die Menschen des Wortes, die Verbindungsleute, die Forscher und selbstverständlich auch Menschen in Regierungsämtern.

In einigen der hochentwickelten Länder ist das Interesse inzwischen sehr stark. Die größte Grafschaft Großbritanniens beispielsweise ist Yorkshire. Einige Leute aus Yorkshire fragten, warum wir nicht mit ihnen für Yorkshire arbeiteten. Ich antwortete: «Weil wir für die Dritte Welt arbeiten und weil wir gern weiterhin für sie arbeiten wollen. Aber ihr habt ganz recht, warum setzt ihr nicht selbst die Mittlere Technik in Yorkshire ein?» Zuerst klang ihnen das seltsam, dann aber stimmte der betreffende Mann aus Yorkshire – der sich selbst als Rückgrat Großbritanniens betrachtet – zu. Die Arbeitslosigkeit steigt, Finanzmittel von der Zentralregierung fließen spärlicher. Warum stellen wir uns nicht auf unsere eigenen Füße, auch wenn sie noch so klein sein mögen, lassen unsere eigenen Leute etwas tun? Natürlich können wir sie nicht so einsetzen, wie das die Gesamtgesellschaft bisher getan hat, denn nicht umsonst sind sie arbeitslos geworden. Und Arbeitsplätze mit Einrichtungskosten von hunderttausend Mark – an solche Beträge kommen wir nicht heran, die gibt es nur bei Großunternehmen. Aber wir können eine Mittlere Technik entwickeln und verbreiten, mit deren Hilfe man mit sehr wenig Kapital produktiv werden kann. Ich kann an zahlreichen Beispielen belegen, daß man mit sehr geringem Kapitaleinsatz eine höhere Produktivität erzielen kann als manch einer mit großem Kapital. Ich spreche nicht von Mondlandeprogrammen und auch nicht von Flugzeugen, sondern von den Grundbedürfnissen des menschlichen Lebens – wie Baumaterialien oder Zement.

Ja, Zement. Können wir nicht eine Kleinfabrik für Zement einrichten? Was für einen Sinn hat es, allen Zement an einer Stelle zu erzeugen und dann durch das ganze Land zu kutschieren? Die Entwicklungsländer, die Landgebiete, die Randgebiete der reichen Länder – alle schreien nach Zement. Aber es zeigt sich, daß man keine Kleinfabriken einrichten kann, weil die Menschen sich in die Vorstellung verbissen haben, daß es nur eine Art Zement gibt – nämlich Portland-Zement –, und die kann man mit einem hohen Nutzen tatsächlich nur im großen Maßstab herstellen. Den genauen Herstellungsvorgang für Portland-Zement hat der ‹kleine Mann› theoretisch noch nicht untersucht, er weiß nicht, ‹wie das geht›. Vielleicht können wir uns damit beschäftigen und dann die Kleinfabrik bauen. Aber im Verlauf dieser Untersuchung können wir auch die Frage stellen, warum muß es eigentlich ausgerechnet *Portland-Zement* sein? Man sehe sich in Europa und Asien um. Dort findet man die wunderbarsten und großartigsten Bauwerke. Weder das Tadsch Mahal noch der Kölner Dom wurden mit Portland-Zement gebaut, und sie stehen noch immer. Warum haben wir uns so auf Portland-Zement versteift? Möglicherweise braucht man ihn zum Bau von Wolkenkratzern. Das aber könnte nur einen geringen Teil des Bedarfs ausmachen, denn die meisten Gebäude sind keine Wolkenkratzer. Was ist mit anderen zementähnlichen Materialien? Es zeigt sich, daß es eine ganze Anzahl anderer Stoffe gibt, die bei der Hälfte der für Portland-Zement erforderlichen Temperatur vermörteln. Und für die meisten normalen Bedürfnisse des Menschen genügen sie völlig. Außerdem läßt sich dieser Prozeß im kleinen Rahmen durchführen. Ähnliche Beispiele gibt es noch für zahlreiche andere Gebiete.

Doch zurück nach Yorkshire. Die Leute dort sagten, sie wollten an diesem neuen Wissen teilhaben, all diese neuen Möglichkeiten sehen. Da könnten sie doch mit uns zusammenarbeiten. Sicherlich sei es gleichgültig, ob wir für die Entwicklungsländer arbeiten oder für England. Und vielleicht könnte man, wenn kleine Zementfabriken und Ziegeleien nach menschlichem Maß mit geringem Kapitaleinsatz verfügbar seien, die möglicherweise sogar mit bisher nicht üblichen Energieformen betrieben werden, weil alles im kleinen Rahmen geschieht, seine Arbeitslosen beschäftigen und auf eigenen Füßen stehen. Solches Denken hat auch auf Kontinentaleuropa übergegriffen. Es hat sogar – wenn auch erst in sehr kleinen Ansätzen – in den Vereinigten Staaten etwas Ähnliches gegeben. Natürlich sind die Vereinigten Staaten so groß, daß dort allenthalben Platz für ‹Wachstumsknoten› ist. Überall auf der Welt gibt es bei diesem Stand der Technik und dieser Denkweise noch sehr viele einsame Pflüger. Aber langsam entsteht ein Netz, so daß wir allmählich zum Erfahrungsaustausch übergehen können. Auf der ganzen Welt gibt es jetzt etwa zwanzig solcher Gruppen. Sie bestehen aus lauter begeisterten Menschen, die ihre Vorurteile über Bord geworfen haben und sehen, daß eine Anpassung an die neue Situation nicht nur wünschenswert, sondern vor allem möglich ist und außerdem noch billig.

Ich will dies Kapitel mit einem Beispiel beschließen, das ich kürzlich erlebte. Einer meiner Bekannten ist der Erfinder der Spanplatte, der deutsche Ingenieur

Max Himmelheber. Max ist ein großartiger Mensch. Er ist jetzt über siebzig, ohne Leibeserben, und sagt, so und soviel brauche ich, das und das brauche ich nicht. Er hat die Himmelheber-Stiftung ins Leben gerufen und kam dann zu mir, weil er wissen wollte, was meiner Ansicht nach mit dem Geld geschehen sollte. Er dachte ganz wirklichkeitsbezogen und war sehr besorgt. Er hörte sich meine Prognose in bezug auf die Verfügbarkeit von Brennstoffen an und wollte dann alles Geld auf die Einrichtung eines Instituts verwandt wissen, als ob wir noch mehr Institute brauchten. Nun, er hatte sich vorgestellt, daß man dort allerlei untersuchen sollte, beispielsweise, wie die Menschen Dinge ohne riesiges Kapital selbst machen können. Na ja, sagte ich, wer alles untersuchen will, untersucht nichts. Fang doch dort an, wo du jetzt stehst. Du bist Holzfachmann, und die Art von Spanplattenfabrik, die ihr auf der ganzen Welt baut, sind Monstren mit einer Durchschnittskapazität von tausend Tonnen pro Tag und völlig unerschwinglichen Kapitalkosten. So etwas hat keine Zukunft. Wir brauchen Kleinstfabriken für Spanplatten. Produktion an Ort und Stelle aus am Ort verfügbaren Materialien zum Verbrauch an Ort und Stelle. Warum konstruierst du so etwas nicht? Du bist doch der beste Mann dafür. Und plötzlich sah er etwas, verstand er, worum es ging. Als fielen ihm Schuppen von den Augen. Ja, sagte er, das leuchtet mir ein. Ganz kleine, auf der ganzen Welt. Das macht Spaß. Keine Schwierigkeiten mit der Unternehmensleitung. Ein Mann und ein Junge, der ihm hilft. Wie bei den Eierkartons.

Er gab dann seinem technischen Büro den Auftrag zu einer Entwurfsstudie für eine Mini-Spanplattenfabrik. Sie hielten ihn für verrückt. Ich setzte mir das andere Extrem in den Kopf und sagte, warum nicht eine Tonne pro Tag? Schön, eine Tonne pro Tag geht technisch nicht, aber sechseinhalb waren möglich. Die Sache schlug beinahe fehl. Sie machten mir aufs deutlichste und mit viel Sachverstand klar, daß es nicht gehe. Man sagte mir, daß ich von der Spanplattenherstellung nichts verstünde und mich daher heraushalten sollte. Ich hörte mir das alles ruhig an. Am Ende des Prozesses braucht man eine riesengroße Presse, in der die Späne auf Fertigdicke gepreßt werden. Mit einer Erzeugung von einer Tonne pro Tag, also einer kleinen Produktion, würde sich eine Presse nie amortisieren – und dann sagten sie Gott sei Dank noch, «wie man sie braucht, um Spanplatten von Normgröße herzustellen». Das hörte ich und sagte, *was für* eine Größe? Nun ja, die Normgröße, zweieinhalb Meter. Also fragte ich, was für eine Größe *kann* man denn machen? Und jetzt haben wir eine Entwurfsstudie von diesen Spitzenfachleuten, nicht für die Normgröße, wohl aber für eine, die für alle normalen Zwecke ausreicht.

All diese kleinen Versuche mögen gegenwärtig kein großes Gewicht haben, aber sie lassen einen möglichen Weg für die Zukunft erkennen, den man heute schon beschreiten kann.

V
Die rauschende Ballnacht ist vorüber

«Wenn die Frage ‹Was ist der Mensch?› vorwissenschaftlich ist, kann das nur bedeuten, daß Wissenschaft für das Leben des Menschen nicht von wesentlicher Bedeutung ist. Hinreichende Antworten auf vorwissenschaftliche Fragen sind unendlich wichtiger.»

Man kann mit einiger Aussicht auf vernünftige Ergebnisse das Thema ‹sinnvolle Arbeit› (übrigens auch der Erziehung zu ihr hin) nur behandeln, wenn man zuerst die Fragen klärt: Was ist der Mensch? Woher kommt er, und was ist der Sinn seines Lebens?

Mir ist selbstverständlich bekannt, daß man solche Fragen «vorwissenschaftlich» nennt: In der modernen Physik und größtenteils in der Biologie, sagt der moderne Naturwissenschaftler, gibt es dergleichen nicht, und er hat durchaus recht. Vielleicht meint er, man müsse die Frage: «Was ist der Mensch?» mit der Erklärung beantworten: Nichts als Physik und Biologie. Wenn das stimmte, wäre es sinnlos, den Begriff ‹Erziehung› zu diskutieren. Wenn die Frage «Was ist der Mensch?» vorwissenschaftlich ist, kann das nur bedeuten, daß Wissenschaft für das Leben des Menschen nicht von wesentlicher Bedeutung ist. Hinreichende Antworten auf vorwissenschaftliche Fragen sind unendlich wichtiger.

Was kann die Bedeutung von ‹Erziehung› oder ‹guter Arbeit› sein, wenn nur zählt, was sich genau ermitteln, messen, zählen oder wägen läßt? Mathematik, Geometrie, Physik oder Chemie – keine von ihnen kann Vorstellungen wie gut oder böse, hoch oder gering in sich fassen. Sie können nur mit *quantitativen* Begriffen wie «viel» oder «wenig» arbeiten. Daher ist es einfach, zwischen einem geringeren und einem größeren Maß an Erziehung sowie zwischen weniger und mehr Arbeit zu unterscheiden. Doch eine *qualitative* Bewertung der Erziehung oder der Arbeit ...? Wie sollte das möglich sein? Dergleichen, sagt man uns, wäre *rein subjektiv* und nicht *beweisbar*. Man wäre dabei ausschließlich auf Vermutungen angewiesen, da hier nichts gemessen und damit objektiviert werden kann.

Die kartesische Revolution hat die Dimension der Senkrechten von unserer ‹Karte des Wissens› gewischt: Es bleiben nur die Dimensionen der Waagerechten. Zum Führer durch dies Flachland ist die Wissenschaft hervorragend geeignet: Sie kann alles tun, nur vermag sie uns nicht aus dem dunklen Wald einer bedeutungslosen, ziellosen und zufälligen Existenz herauszuführen. Die moderne Naturwissenschaft beantwortet die Frage «Was ist der Mensch?» mit so einfallsreichen Aussagen wie «Ein merkwürdiger Zufall» oder «Ein recht mißlungenes Produkt gedankenloser Evolution oder natürlicher Selektion» oder «Ein nackter Affe». Es überrascht nicht, daß sie auf die Frage, was dies sinnlose Zufallsprodukt gedankenloser Kräfte mit sich selbst anfangen soll, das heißt was es mit seinem Bewußsein und seiner Seele anfangen soll, keine Antwort weiß. (Die moderne Naturwissenschaft vermag aber vieles darüber zu sagen, was man mit dem Leib des unglücklichen Wesens tun soll: «Überleb, so gut du kannst!»)

Was kann unter solchen Umständen Zweck der Erziehung sein? In unserer westlichen Kultur – wie in allen anderen Hochkulturen – war Zweck stets etwas, was die Menschen aus den dunklen Wäldern der Bedeutungslosigkeit, der Sinnlosigkeit, des Sichtreibenlassens und der Disziplinlosigkeit auf einen Berg führte, wo die Wahrheit zu finden war, die uns frei macht. Das war die herkömmliche Weisheit aller Völker in allen Erdteilen. Wir modernen Menschen, die wir herkömmliche Weisheit zurückweisen und das Vorhandensein der senkrechten Dimension des Geistes leugnen, wünschen wie unsere Vorfahren nichts sehnlicher, als irgendwie über den eintönigen Alltag unseres Lebens hinauswachsen zu können. Wir hoffen, das durch Reichtum oder dadurch zu erreichen, daß wir immer schneller umherreisen, den Mond und den Weltraum erobern. Was immer wir aber in dieser Hinsicht tun, wir können nicht über unser kleinliches, selbstsüchtiges alltägliches Ich hinausgelangen. Erziehung und Ausbildung mögen uns helfen, schneller reich zu werden und rascher und weiter zu reisen – aber alles andere bleibt so bedeutungslos wie zuvor. Solange wir in der Falle der metaphysischen Vorstellungen gefangen sitzen, die uns die kartesische Revolution mitgegeben hat, kann Erziehung nur eine Ausbildung sein, von der wir hoffen, daß sie die Menschen in den Stand setzt, sich – das heißt den Leib, aber nicht die Seele! – in den dunklen Wäldern sinnlosen Daseins behaglicher einzurichten.

Anders gesagt, solange wir auf unserer Überheblichkeit beharren, die die Gesellschaft herkömmlicher Weisheit als ‹vorwissenschaftlich› und damit als nicht ernstzunehmend abtut, sie als etwas hinstellt, das nur für das Museum taugt, gibt es keine Grundlage für eine Erziehung, die über eine reine Ausbildung zum materiellen Erfolg hinauszielt. Eine Erziehung zu sinnvoller Arbeit und zum richtigen Tun ist dabei ganz und gar unmöglich. Wie könnten wir denn richtiges von falschem Tun unterscheiden, wenn das menschliche Leben auf Erden weder Zweck noch Sinn hat? Das Wort ‹gut› setzt ein Ziel voraus: gut wozu? Gut zum Geldverdienen, zum Vorwärtskommen, zum Erwerb von Ruhm oder Macht? All das wäre auch durch eine Arbeit erreichbar, die man von einem anderen Standpunkt aus als sehr schlechte Arbeit ansehen könnte. Eine Antwort läßt sich ohne die herkömmliche Weisheit nicht finden.

Was aber würde die herkömmliche Weisheit zu sagen haben? Sie würde alle Antworten aus ihrer Kenntnis der Aufgabe und des Zwecks herleiten, die sie vom Leben des Menschen auf der Erde hat.

Die erste Aufgabe jedes menschlichen Wesens besteht darin, von der Gesellschaft und aus der Überlieferung zu lernen und ein vorläufiges Glück darin zu finden, daß er Anweisungen für das, was er tun soll, von außen empfängt.

Als zweites muß er sein Wissen verinnerlichen, das er gewonnen hat, es sichten, ordnen, das Gute bewahren und das Schlechte von sich werfen. Diesen Vorgang, bei dem der Mensch lernt, für sich selbst zu entscheiden, kann man ‹Individuation› nennen.

Die dritte Aufgabe kann der Mensch erst in Angriff nehmen, wenn er die beiden ersten erfüllt hat. Für sie braucht er die beste Hilfe, die er finden kann. Sie besteht darin, mit seinem Selbst, mit all seinen Vorlieben und Abneigungen, all seinen ichbezogenen Vorstellungen abzusterben. In dem Umfang, in dem einem Menschen das gelingt, hört seine Fremdbestimmtheit auf, zugleich damit aber auch seine Selbstbestimmung. Er hat Freiheit gewonnen. Man könnte auch sagen, daß

Gott ihn lenkt. (Falls er Christ ist, würde er wünschen, genau das von sich sagen zu dürfen.)

Wenn das die Aufgabe ist, die vor jedem Menschen liegt, können wir sagen, ‹gut› ist, was mir und anderen auf diesem Weg zur Befreiung hilft. Ich bin aufgefordert, meinen Nächsten zu lieben wie mich selbst. Ich vermag ihn aber gar nicht zu lieben – es sei denn rein sinnlich oder sentimental –, wenn ich mich nicht selbst hinreichend geliebt habe, um mich an dieses gute Werk der Entwicklung zu machen.

Wie kann ich meinen Nächsten lieben und ihm helfen, solange ich mit dem heiligen Paulus sagen muß: «Denn ich weiß nicht, was ich tue; denn ich tue nicht, was ich will, sondern was ich hasse, das tue ich»? Um Sinnvolles für meinen Nächsten und mich selbst tun zu können, bin ich aufgefordert, Gott zu lieben. Das heißt, ich muß meinen Geist mit aller Kraft und Geduld dazu anhalten, daß er nach den höchsten Dingen strebt, nach Seinsebenen oberhalb meiner eigenen: Nur dort ist das Gute zu finden.

Diese Lösung liefert die herkömmliche Weisheit, also die Metaphysik, auf die alle großen Kulturen zurückgehen. Aus ihr können wir das Maß an Führung herleiten, dessen wir bedürfen. Was sind die größten Bedürfnisse der Menschen? Als geistiges Wesen geht es ihm zuerst und unvermeidlich um Werte, als Gesellschaftswesen in erster Linie und unvermeidlich um seine Mitmenschen, aber auch um andere fühlende Geschöpfe. Als Mensch geht es ihm in erster Linie und zwangsläufig um die Entwicklung seiner selbst.

Demzufolge – und ich glaube, jeder kann das aus seiner eigenen Erfahrung bestätigen – gibt es dreierlei, was ein gesunder Mensch vor allem tun muß und worauf eine Erziehung ihn vorbereiten sollte:

Er muß als geistiges Wesen handeln, das heißt in Übereinstimmung mit seinen moralischen Antrieben – *der Mensch als von der Gottheit abstammendes Wesen*. Er muß anderen der Nächste sein, seinen Mitmenschen Dienste leisten – *der Mensch als Gesellschaftswesen*.

Er muß als Person handeln, als eigenständiger Mittelpunkt von Macht und Verantwortlichkeit. Mithin muß er schöpferisch in die Umwelt eingebunden sein, in ihr die Gaben nutzen und entwickeln, die ihm zuteil wurden – *der Mensch als Mensch*.

In der Erfüllung der drei Grundbedürfnisse des Menschen liegt Glück, in ihrer Nichterfüllung (das heißt in ihrer Verhinderung) Unglück.

Meist erschweren die raffinierten Methoden der modernen Gesellschaft es der Mehrzahl der Menschen zunehmend, diese Bedürfnisse zu erfüllen, oder machen es ihnen gar unmöglich. ‹Erziehung›, einschließlich der ‹höheren Bildung›, scheint von diesen Bedürfnissen wenig zu wissen. Es klingt seltsam, doch die meisten Menschen kennen sie nicht einmal dem Namen nach. Aus der herkömmlichen Weisheit wohlbekannten Gründen sind die Menschen ungenügend ‹programmiert›. Noch als gänzlich Erwachsenen ermangelt ihnen und ihrem Handeln die Sicherheit, mit der Tiere sich bewegen. Sie zögern, zweifeln, ändern ihre Meinung, laufen hierhin und dorthin und sind nicht nur unsicher, wie sie bekommen können, was sie haben möchten, sondern vor allem darüber, was sie überhaupt wollen.

Nützt Erziehung überhaupt etwas, wenn sie nicht in der Lage ist, ihnen nahezubringen, was sie wollen? Fragen wie: Was soll ich mit meinem Leben tun? oder: Was muß ich tun, um gerettet zu werden? beziehen sich auf *Ziele*, nicht bloß auf die Mittel zu ihrer Erreichung. Technische Lösungen, wie beispielsweise: Sag mir genau, was du willst, und ich zeige dir, wie du es bekommst, genügen nicht. Die Schwierigkeit liegt eben darin, daß ich nicht weiß, was ich will. Vielleicht will ich nur glücklich sein. Aber die Auskunft: Sage mir, was du zum Glück brauchst, und ich kann dir raten, was du tun sollst, genügt auch hier nicht. Weiß ich denn, was ich zum Glück brauche? Vielleicht sagt jemand, man brauche zum Glück die Wahrheit, die uns frei macht – aber kann der Erzieher mir sagen, was diese Wahrheit *ist*, «die euch frei macht»? Kann er mir sagen, wo ich sie finde, mich zu ihr hinführen, oder mir zumindest die Richtung weisen, in die ich gehen muß? Möglicherweise habe ich den Eindruck, daß ich in Wirklichkeit nichts weiter brauche als sinnvolle Arbeit und richtiges Tun. Wer kann mir sagen, was richtiges Tun und wann Arbeit sinnvoll ist?

Herkömmliche Weisheit lehrt uns, daß die Aufgabe der Arbeit letztlich dreifach ist: (1) Sie soll dem Menschen eine Gelegenheit geben, seine Fähigkeiten zu nutzen und zu entwickeln. (2) Sie soll es ihm ermöglichen, seine angeborene Selbstsucht dadurch zu überwinden, daß er sich mit anderen zu einer gemeinsamen Aufgabe zusammenschließt, und (3) sie soll die Waren und Dienstleistungen hervorbringen, die wir alle zu einem menschenwürdigen Lebensunterhalt brauchen.

Ich glaube, all das muß man die Menschen *lehren*.

Wie sieht die gegenwärtige Erziehung in puncto *Ar-*

beit aus? Ich weiß es nicht genau, aber noch bis vor kurzem hörte ich überall, die wirkliche Aufgabe der Erziehung liege nicht in einer Erziehung zur Arbeit, sondern in einer Erziehung zur Muße. Möglicherweise hat man diesen außergewöhnlichen Gedanken inzwischen aufgegeben. Man stelle sich vor, wie jungen und eifrigen Menschen gesagt wird: «Womit ihr euch wirklich beschäftigen müßt, ist die Art und Weise, wie man die Zeit totschlägt, wenn man nichts Sinnvolles zu tun hat.»

Unsere Vorväter wußten – diesen Gedanken drückte Thomas von Aquin aus –, daß es keine Lebensfreude ohne Freude an der Arbeit geben kann. Es ist der Mühe wert, diese Aussage zu überdenken. Sie wußten auch, daß Faulheit Trauer der Seele bedeutet. Darüber nachzudenken lohnt ebenfalls. Ein Denker des neunzehnten Jahrhunderts sagte sinngemäß: Nehmt euch in acht. Wenn ihr zu viele nützliche Maschinen bekommt, werdet ihr bald zu viele nutzlose Menschen haben. Noch eine Aussage, die des Nachdenkens wert ist.

Es erhebt sich die Frage: Wie sollten wir junge Menschen auf die zukünftige Arbeitswelt vorbereiten? Ich meine, daß die erste Antwort lauten muß: So, daß sie in der Lage sind, zwischen guter und schlechter Arbeit zu unterscheiden. Wir sollten sie unbedingt darin bestärken, sich mit letzterer *nicht zufriedenzugeben*, das heißt, wir sollten sie ermutigen, sinnentleerte, langweilige, verdummende oder die Nerven zerrüttende Arbeit *zurückzuweisen*, die den Menschen zum Diener einer Maschine oder eines Systems herabwürdigt. Sie sollten lernen, daß Arbeit Lebensfreude bedeutet und zu unserer Entwicklung *nötig*, daß aber sinnlose Arbeit verabscheuungswürdig ist.

Ein britischer Arbeiter mit einem Gespür für die Zusammenhänge schrieb: Vermutlich ist es falsch, von Fabriken zu erwarten, daß sie anders sein sollen, als sie sind. Schließlich hat man sie für die darin untergebrachten Maschinen und nicht für die Menschen gebaut. In einer Fabrik wird rasch klar, daß durch Elektrizität zum Leben erweckter Stahl wichtiger ist als Fleisch und Blut. Von den Maschinen wird so viel verlangt, daß sie menschliche Eigenschaften derer anzunehmen scheinen, die sie bedienen. Sie haben sich dem Menschen ebenso angeglichen, wie der Mensch ihnen ähnlich geworden ist. In ihnen pulst das Leben, während der Mensch zum seelenlosen Roboter wird. Dem Ganzen kann man die Warnung entnehmen, daß die Sache den Menschen zu entgleiten droht.

Er sagt, es sei wahrscheinlich falsch, sinnvolle Arbeit zu erwarten. Seine Umwelt hat ihn dazu gebracht, nicht einmal das mehr vorauszusetzen! Man hat ihn zu dem Glauben erzogen, der Mensch sei *nichts als* ein recht kompliziertes physikalisch-chemisches System, *nichts als* ein Erzeugnis gedankenloser Evolution. So kann er zwar *leiden*, wenn die Maschinen wie Menschen und die Menschen wie Maschinen werden, aber überrascht sein oder etwas anderes erwarten darf er nicht.

Es ist aufschlußreich zu sehen, mit wieviel Mühe die moderne Welt zu verhindern trachtet, daß dem Leib des Werktätigen etwas zustößt. Geschieht das *doch*, kann der Betroffene Schadenersatz verlangen. Was aber ist mit seinem Geist und seiner Seele? Wenn seine Arbeit ihn *als Menschen* schädigt, indem sie ihn zum Roboter degradiert – hat er eben Pech gehabt. Hier können wir sehr deutlich die große Bedeutung der Metaphysik erkennen. Die materialistische Metaphysik oder auch die von der Lehre der geistlosen Evolution mißt nur dem Körper, und sonst nichts, Realität bei. Warum also soll man sich Gedanken über Sicherheit oder Gesundheit machen, wenn es um so verschwommene und unwirkliche Dinge wie Seele oder Geist geht? Wir sehen ein, daß der Körper eines Menschen entwickelt werden muß; was aber ist mit der Entwicklung seines Geistes oder seiner Seele? Jawohl, der Mensch braucht eine Erziehung, damit er imstande ist, seinen Lebensunterhalt zu verdienen. Erziehung dahin aber, daß er aus den dunklen Wäldern der Selbstsucht, Kleinlichkeit und Ignoranz geführt wird, wäre äußerstenfalls eine rein private Angelegenheit. Sieht es nicht so aus, als steckte man den Kopf in den Sand und kehrte der Wirklichkeit den Rücken? So kommt es, daß die materialistische Metaphysik keinen Raum für die Vorstellung von guter Arbeit oder davon läßt, *daß Arbeit dem Arbeitenden guttut*. Jeder, der sagt: «Der arbeitende Mensch braucht die Arbeit zur Entwicklung und Vervollkommnung seiner Seele», gilt als Träumer und Phantast, denn die Metaphysik des Materialismus erkennt ein solches Bedürfnis nicht an, wohl aber die Bedürfnisse des Leibes. Daß diese sich nur erfüllen lassen, wenn der Mensch arbeitet, wird als unangenehme und wohl nur vorübergehende Notwendigkeit angesehen, die vielleicht von der Automation bald abgeschafft wird. Bis dahin muß die Arbeit eben getan werden. Also frisch ans Werk, aber Obacht, daß der Leib nicht zu Schaden kommt.

Wird Arbeit lediglich als eine unangenehme Notwendigkeit gesehen, hat es keinen Sinn, von sinnvoller Arbeit zu sprechen, es sei denn, man meinte *weniger Arbeit*. Warum soll über die Anforderungen des absoluten Mindestmaßes hinaus unserer Arbeit Sinn innewohnen? Wer kann es sich denn überhaupt leisten, sinnvolle Arbeit zu verrichten? Welchen Sinn hätte es, wollte man etwas Vollkommenes schaffen, wo doch etwas Unvollkommenes es auch tut? Ananda Coomaraswamy pflegte zu sagen: «Industrie ohne Kunst ist brutal.» Warum das? Weil sie Seele und Geist des Arbeitenden schädigt. Er konnte das nur sagen, weil seine Überzeugungen von denen der modernen Welt stark abweichen. Er sagte auch: «Der Künstler ist nicht etwa eine besondere Art Mensch, sondern jeder Mensch ist eine besondere Art von Künstler.» Darin liegt die Metaphysik der guten Arbeit.

Wie könnte aber eine Erziehung zur guten Arbeit aussehen?

Als erstes müßten wir die metaphysische Grundlage ändern, von der wir ausgehen. Wenn wir weiterhin lehren, daß der Mensch *nicht als* das Ergebnis eines gedanken-, sinn- und zwecklosen Entwicklungsprozesses, eines auf das nackte Überleben gerichteten Auslese-Prozesses ist, daß wir also das Ergebnis von nichts als *Utilitarismus* sind – dann erreichen wir auch nur eine *utilitaristische* Vorstellung von der Arbeit, nämlich, daß sie *nichts als* eine mehr oder weniger unangenehme Notwendigkeit und es daher um so besser ist, je weniger Arbeit wir haben. Unsere Vorfahren wußten, was sinnvolle Arbeit ist. Wir können aber nicht von ihnen lernen, wenn wir sie weiterhin mit wohlwollender Verachtung behandeln – als bemitleidenswerte Opfer einer Selbsttäuschung, die ihr Leben mit der Anbetung nichtexistierender Gottheiten vergeudet haben. Das gleiche gilt, wenn wir weiterhin die *überlieferte Weisheit* als ein Gewirr von abergläubischer Dichtung behandeln, die man nicht ernst nehmen muß, und weiterhin die materialistische Wissenschaftsgläubigkeit als das alleinige Maß allen Fortschritts ansehen. Die besten Naturwissenschaftler wissen, daß ihre Wissenschaft nur mit kleinen isolierten Systemen zu tun hat, aus denen erkennbar wird, wie sie jeweils funktionieren, daß sie aber keinerlei Grundlage für umfassende metaphysische Lehrmeinungen wie beispielsweise die von der bewußtlosen Evolution liefern. Dennoch lehren wir nach wie vor die Jugend, die moderne Evolutionstheorie sei Teil der Naturwissenschaft, und *in ihr gäbe es keinen Platz für göttliche Führung oder einen göttlichen Plan.* Damit beschwören wir leichtfertig einen scheinbaren Konflikt zwischen Wissenschaft und Religion herauf und verursachen unbeschreibliche Verwirrung.

Eine Erziehung zu richtigem Tun könnte dann mit einer systematischen Untersuchung der überlieferten Weisheit beginnen, die Antworten auf die Fragen liefert: Was ist der Mensch? Woher kommt er, und was ist der Zweck seines Lebens? Dann würde sich zeigen, daß es durchaus ein anzustrebendes Ziel und einen Weg dorthin gibt – sogar mehrere Wege zum selben Gipfel. Das Ziel läßt sich als ‹Vollkommenheit› beschreiben – «Darum sollt ihr vollkommen sein, gleichwie euer Vater im Himmel vollkommen ist» – oder als ‹das Königreich›, ‹die Rettung›, ‹das Nirwana›, ‹die Befreiung›, ‹die Erleuchtung› und so weiter. Und der Weg dorthin? *Richtiges Tun.* «Schaffet, daß ihr selig werdet mit Furcht und Zittern.» Vergrabt eure Talente nicht und laßt sie auch keinen anderen vergraben. Denn welchem viel gegeben ist, bei dem wird man viel suchen; und welchem viel befohlen ist, von dem wird man viel fordern. Kurz gesagt, das Leben ist eine Art Schule, in der nichts zählt als richtiges Tun. Solche Arbeit adelt das Erzeugnis ebensosehr wie den, der es hervorbringt.

Bei dem, der Sinnvolles tun, tritt das Ich zurück. Er tut es von sich ab, so daß das Göttliche in ihm lebendig werden kann. Von der materialistischen Wissenschaftsgläubigkeit aus gesehen, macht das natürlich alles keinen Sinn. Wie auch könnte das Produkt gedankenloser Evolution, dessen Fähigkeit die blinde Natur ausschließlich nach ihrem Nutzwert im allgemeinen Kampf ums Überleben auswählt – wie könnte ein solches Zufallsprodukt, ein solches Ergebnis der Notwendigkeit, sich von seinem *Ich* lösen, vom Mittelpunkt seines Willens zum Überleben? Was für eine unsinnige Behauptung wäre das! Und selbstverständlich ist die Annahme, im Menschen gäbe es etwas Göttliches, vollkommen vorwissenschaftlich!

Die Arbeitswelt ist, so wie diese moderne Metaphysik sie sieht und auch recht eigentlich *geschaffen hat* – leider! – ein trostloser Ort. Kann die höhere Bildung Menschen auf sie vorbereiten? Wie bereitet man Menschen auf eine Art von Sklaverei vor? Was für *menschliche* Eigenschaften sind erforderlich, damit aus Menschen leistungsfähige Diener, Maschinen, Systeme und Bürokratien werden? Die heutige Arbeitswelt ist das Ergebnis davon, daß wir ein ganzes Jahrhundert hindurch Fähigkeiten verlernt haben – warum soll man sich die Mühe machen und die Kosten aufwenden, die mit der Ausbildung eines Handwerkers verbunden sind, wenn man nichts braucht als einen Maschinenwärter? Die einzigen Fertigkeiten, die zu erlernen sich lohnt, sind die, die das System verlangt. *Sie aber sind außerhalb des Systems wertlos*. Sie haben außerhalb seiner keinen Überlebenswert und verleihen daher nicht einmal die Zuversicht, aus sich heraus etwas schaffen zu können. Was tut ein Maschinensklave, wenn (beispielsweise) wegen Energieknappheit seine Maschine stillsteht? Was tut ein Programmierer ohne seinen Computer?

Vielleicht ließe sich die höhere Bildung so einrichten, daß sie zu einer *anderen* Arbeitswelt führt – einer Arbeitswelt, die sich von der heutigen unterscheidet. Das wäre die Erfüllung meiner größten Hoffnung. Wie aber ließe sich das bewerkstelligen, solange die Vertreter dieser höheren Bildung, die Universitätslehrer zum Beispiel, der materialistischen Wissenschaftsgläubigkeit und ihrer Lehre von der bewußtlosen Evolution anhängen? Das geht nicht, man kann vom Ochsen kein Kalbfleisch erwarten. Auf der Grundlage einer solchen Metaphysik vermag richtiges Tun nicht zu gedeihen. Wer es unter dieser Voraussetzung anstrebt, kann höchstens die gegenwärtige Verwirrung noch steigern. Das dringendste Bedürfnis unserer Zeit ist und bleibt das Bedürfnis nach *metaphysischer Erneuerung*. Sie erfordert eine übermäßige Anstrengung, und mit ihrer Hilfe kann Klarheit in unsere zutiefst sitzenden Überzeugungen gebracht werden, wenn wir uns die Frage stellen: Was ist der Mensch? Woher kommt er, und was ist der Sinn und Zweck seines Lebens?

VI
Sinnvolle Arbeit und richtiges Tun

«In den Ohren der Nutzenmaximierer mag es sich fast wie Sabotage anhören, wenn einem jungen Menschen gesagt wird, daß seine persönliche Lauterkeit wichtiger ist als seine Aussichten, auf der Karriereleiter emporzuklettern. Denen, die da meinen, ein Höchstmaß an Konsum sei das einzige erstrebenswerte Ziel für uns Sterbliche, erscheint es eher als miesepetrig, wenn man darauf beharrt, daß Raubbau an natürlichen Rohstoffen ein Verbrechen ist.»

Die schönen Hügel von Surrey, mein Zuhause, laden zu Spaziergängen ein. Dort trifft man nicht einmal sonntags Menschen, obwohl man das ferne Donnern des Verkehrsstroms hört, der sich zur Küste wälzt. Man erzählt sich, ein Ökonom habe dort eines Sonntagnachmittags einen Spaziergang gemacht und sei dabei keinem Geringeren begegnet als Gott dem Allmächtigen. Das erstaunte ihn einigermaßen, und er wußte nicht, was er sagen sollte. Ihm fiel ein, daß man ihm als kleinem Jungen gesagt hatte, vor Gott seien tausend Jahre wie eine Minute, und so fragte er ihn: «Stimmt das?» Und Gott antwortete: «Aber sicherlich.» Inzwischen hatte der Mann wieder einen klaren Kopf und sagte zu Gott: «Vielleicht stimmt dann auch, daß vor dir eine Million Mark wie ein Pfennig sind.» Und Gott antwortete: «Ja, auch das stimmt.» Er fuhr dann fort: «Nun, Gott, dann gib mir doch einen von deinen Pfennigen.» Darauf bekam er zur Antwort: «Gern, mein Freund. Nur habe ich gerade keinen da, warte eine Minute, und ich hole ihn dir.»

Noch eine Minute, und wir alle werden reich und glücklich sein – das ist das Heil, das man sich vom Wachstum des Bruttosozialprodukts (BSP) verspricht. Diese Vorstellung wird zunehmend fragwürdiger. Von außerhalb bieten die Vereinigten Staaten kein besonders gutes Bild, obwohl sie, was das BSP angeht, das erfolgreichste Land der Erde sind. Ihr BSP ist schier unglaublich hoch, und dennoch hat das Land, vorsichtig gesagt, Probleme. Es gibt dort Armut, und zwar in einem Maße, wie das in vielen anderen Ländern mit weit kleinerem BSP nicht vorkommt. Ich sage das nicht, um zu kritisieren, sondern um zu analysieren. Schließlich verfolgen die Westeuropäer dieselben Ziele, nur sind sie dabei weniger erfolgreich als die Amerikaner.

Mir bedeutet diese Vorstellung des BSP überhaupt nichts. Ich weiß, daß zur Lenkung bestimmter Geldströme in der Wirtschaft dies BSP recht nützlich sein kann. Als Maßstab für Erfolg, auf welchem Gebiet auch immer, ist es für mich bedeutungslos, denn es ist ein reiner Mengenbegriff. Statistiken brauchen nicht zu stimmen, aber sie müssen etwas bedeuten. Ich bin immer davon ausgegangen, daß Zahlen nur dann etwas bedeuten, wenn man sie dazu bringt, uns unmittelbar anzusprechen. Wie kann jemand davon ausgehen, daß Wachstum etwas Gutes ist? Wachsen meine Kinder, ist das sehr gut, finge ich plötzlich an zu wachsen, wäre das äußerst schlimm. Daher ist am wichtigsten die qualitative Unterscheidung. Sie ist von weit größerer Bedeutung als irgendein geheimnisvolles Zusammenzählen aller möglichen Dinge. Wir alle haben in der Schule gelernt, daß man nur zusammenzählen darf, was von derselben Art ist. Beispielsweise kann man nicht Äpfel und die Zahl der Abende zusammenzählen, an denen man ferngesehen hat, denn das wäre sinnlos. Wir müssen uns also mit dem qualitativen Gesichtspunkt der ganzen Sache beschäftigen. Sicherlich müssen wir stets darauf bedacht sein, zu entscheiden, was gut ist, und unser Bestes tun, damit das Gute wachsen kann. Außerdem werden von uns Entscheidungen darüber verlangt, was schlecht oder zumindest nicht besonders gut ist, und wir sollten versuchen, das zu mindern. Ob beide Verfahren gemeinsam ein Nettowachstum oder eine Nettoverminderung mit sich bringen, dürfte unerheblich sein. Es kommt auf die Qualität – und nicht die Quantität – des Lebens an. Da es sich beim BSP um einen rein quantitativen Begriff handelt, geht es an der wirklichen Frage vorbei: Wie kann man die Lebensqualität verbessern?

Betrachtet man die Verteilung der Einkommen auf der Welt, zeigt sich, daß eine sehr große Zahl von Menschen äußerst arm, sehr viele äußerst reich sind und nur wenige in der Mitte dazwischen liegen. Eine solche Verteilung ist verrückt. Sie macht deutlich, daß es keine einheitliche Welt mehr gibt. Selbst auf dieser vergleichsweise unwichtigen Ebene ist aller Anschein von Einheitlichkeit verlorengegangen. Das gilt nicht nur für das Verhältnis zwischen reichen und armen Ländern, wenn es auch bei ihnen ein geradezu erschreckendes Ausmaß angenommen hat, sondern auch für die Zustände innerhalb vieler reicher Gesellschaften. Alle Entwicklungsländer werden zunehmend zu sogenannten ‹dualen› Gesellschaften mit einer Vielzahl von sehr Armen und einigen wenigen äußerst Reichen.

Einigen Menschen bedeutet die Vorstellung, sie könnten im Leben andere als materielle Zwecke verfolgen, nichts. In der Christen geläufigen Kurzform ausgedrückt, wäre es ihre eigentliche Aufgabe, ihre Seele zu retten; sie verbrauchen aber einen weit größeren Anteil an irdischen Gütern, als dazu erforderlich ist. Höchtwahrscheinlich behindert sie das stark. Mithin sehen wir, daß die reiche Gesellschaft, das heißt die geringe Zahl derer, die sich am reichen Ende der Skala befinden, unmöglich ein Modell für die ganze Welt sein kann. Solange wir kein neues Modell finden, treiben wir immer mehr auf den Untergang zu. Die Frage lautet: Gibt es ein anderes Lebensmuster, durch das unser Leben wirklich lebenswert würde? Es hat solche Muster gegeben, und sie haben einige der bedeutendsten uns bekannten Kunstwerke und Kulturen hervorgebracht. Entstanden aber sind sie jeweils in einer armen und nicht etwa in einer wohlhabenden kulturellen Umgebung.

Wie sieht eine solche Kultur der Armut aus? Mir scheint es sich dabei um eine Kultur zu handeln, in der ein ganz klarer Unterschied zwischen zwei Gruppen von Gütern gemacht wird. Ich möchte sie einerseits die zeitlichen Güter nennen, die mit dem Ziel ihrer schließlichen Zerstörung hergestellt werden, und ewige Güter auf der anderen Seite – möglicherweise ist ‹ewig› ein zu weit reichender Ausdruck –, jedenfalls Güter, die höchstens durch Zufall zerstört werden, nicht aber, weil es ihrer Zweckbestimmung entspricht. In allen wirklichen Kulturen befanden sich die ewigen Güter außerhalb der wirtschaftlichen Kultur, denn wie könnte man Ewigkeit berechnen? Wenn die Menschen einen Dom bauten, stellten sie keinen Haushaltsplan dafür auf, sondern sagten: « Nur das Beste ist gut genug. Nur was dem Ruhme Gottes dient, ist der Würde des Menschen angemessen.» Mit den zeitlichen Gütern aber gingen diese Menschen sehr sparsam um.

Vor einem Jahr besuchte ich zum erstenmal Florenz. Gegenüber dem großartigen Dom befindet sich das Standbild seines Erbauers mit einer lateinischen Inschrift auf dem Sockel, die ich mit größter Mühe entzifferte. Sie hieß: «Dies Standbild stellt Arnolfo (di Cambio) dar, den die Bürgerschaft der Stadt Florenz beauftragt hat, einen so prächtigen Dom zu bauen, daß niemand ihn jemals übertreffen kann. Kraft seiner überragenden Gaben erwies er sich dieser ungeheuren Aufgabe als gewachsen.» Man bedenke, beauftragt. In die Fassade des Doms eingesetzt sind Ghibertis berühmte Bronzetüren, zu deren Fertigstellung er achtundzwanzig Jahre brauchte. Dahinter stand keine Schirmherrschaft, und kein Wirtschaftsfachmann errechnete, daß die Fremden drei Jahre eher kämen, wenn man statt achtundzwanzig Jahren nur deren fünfundzwanzig brauchen würde. Der Fremdenverkehr hat um dreitausend Prozent zugenommen, man kann die Türen kaum noch sehen, aber das ist eine andere Angelegenheit.

Sobald wir zulassen, daß alles von Wirtschaftlichkeitsberechnungen durchdrungen wird, hat nichts mehr einen Wert. Ich habe mir vorgestellt, wie wohl das Standbild eines Architekten gegenüber einem der Londoner Bürohochhäuser aussähe. Wahrscheinlich stünde darauf: «Dies Standbild stellt Mister R. W. Smith dar, Mitglied der Königlich-Britischen Architektenvereinigung, den der Verwaltungsrat Groß-Londons beauftragte, ein Bürogebäude von solcher Preiswürdigkeit pro Quadratmeter zu errichten, daß niemand diesen Preis jemals würde unterbieten können. Er zeigte sich dank der vielen Computer, die ihm zur Verfügung standen, dieser unwürdigen Aufgabe gewachsen.»

Wir stehen vor so ernsten Problemen, daß man darüber nur noch unbekümmert oder gar nicht mehr sprechen kann. Wir können nur hoffen, daß wir angesichts der vielen Verbesserungen, die sich allmählich zeigen und die unsere Lage wirklich erleichtern können, unsere Kräfte nicht vergeuden, indem wir die Macht der Naturwissenschaft und Technik ungenutzt lassen. Sie muß neu kanalisiert werden, wir haben allen Grund, uns der besten Mittel zu bedienen, und dürfen nicht zuviel Zeit damit verlieren, daß wir heldenhaft noch einmal das Rad erfinden. Wir müssen uns zusammenschließen und die Kraft der Menschen optimal nutzen, auch die Kraft solcher Menschen, die nicht unserer Ansicht sind – wenn sie uns nur behilflich sein können.

Uns stehen drei Wege zur Entwicklung einer neuen Mittleren Technik offen. Beim einen würden wir die vorhandenen technischen Verfahren auf sehr niedriger Stufe verwenden und uns sagen: Dies und jenes läßt sich noch verbessern. Man kann das sehr viel günstiger machen. Wer ein Auge dafür hat, sieht, daß sich auch ohne nennenswerten Kapitaleinsatz ungeheuer viel verbessern läßt. Das ist eine Möglichkeit.

Eine andere Möglichkeit ist es zu sagen: Wir produzieren zwar diese ganzen wunderbaren Technologien und Ausrüstungen, unsere Herstellungsprozesse sind aber hauptsächlich auf Arbeitsersparnis ausgelegt. Daher eignet sich diese Art von Maschinen nicht für arme Länder. Wir wollen sie gewissermaßen herabstufen, um sie den Bedingungen des Entwicklungslandes anzupassen.

Und drittens kann man das Ganze völlig neu überdenken und Entwurfsstudien anfertigen, sobald man die richtige Fragestellung gefunden hat. Es ist äußerst schwer, die Landbevölkerung in den Entwicklungsländern dazu zu bringen, das selbst zu leisten. In den meisten Fällen fehlen diesen Menschen einfach die Möglichkeiten dazu. Ihre Tragödie liegt darin, daß sie weniger Naturwissenschaftler haben als wir. Einem Land, das das Steuer herumwirft und sagt: Wir wollen jetzt an der Lösung unserer eigenen Schwierigkeiten arbeiten, und das war in Ghana in gewissem Maße der Fall, wird alles möglich. Zu viele aber blicken auf das Imperial College in London, auf die Cornell-Universität oder das MIT in den Vereinigten Staaten, statt tatkräftig die Aufgaben und Schwierigkeiten ihres eigenen Landes anzupacken. Aus den Entwicklungsländern kommen nicht sehr viele Neuerungen, kommt kaum eine wirkliche Neubewertung technischer Verfahren. Zwar kommt nicht *viel*, aber bezogen auf die ganze Welt, ist es doch eine Menge. Daher heißt eine der wichtigsten Aufgaben, die anstehen – und wir widmen uns ihr mit zu geringen Mitteln –, sich auf der ganzen Welt umzusehen und festzustellen, was es bereits gibt, es auszuwerten und vielleicht zu erproben. Die Filipinos haben einige ausgezeichnete und sehr einfache Gerätschaften für den Reisanbau, ebenso die Japaner. Wir prüfen, ob solche Geräte unter anderen Bedingungen einsetzbar sind, und machen sie verfügbar, sofern das der Fall ist.

Jetzt kommen wir zu einer Definition des Ganzen. Es ist seltsam, wie das Wort, der Begriff, zur eigentlichen Sache wird, obwohl er doch nichts ist als das einer bestimmten Eingebung, einem Wissen aufgeklebte Etikett. Die Buddhisten kennen dafür einen guten Ausdruck. Er besagt, der Buddhismus sei der Finger, der zum Mond weist. Der Mond ist die Sache, der Buddhismus lenkt lediglich die Aufmerksamkeit darauf. Mithin ist auch ein Ausdruck wie ‹angepaßte Technik› oder ‹Mittlere Technik› nichts als ein Finger, der zum Mond zeigt. Der Mond läßt sich nicht vollständig beschreiben, man kann nur im Zusammenhang mit bestimmten Situationen auf ihn hinweisen.

1960 wurde ich nach Indien eingeladen. Ich wußte nicht, was ich tun konnte, um die Probleme in den ländlichen Regionen Indiens zu beheben, aber ich durchreiste das ganze Land, mit jedem vorstellbaren und teilweise auch mit unvorstellbaren Verkehrsmitteln, und kam schließlich nach Neu-Delhi zurück. Dort verfaßte ich eine kurze Denkschrift über das Land, und alle Planer wurden zu einem zweitägigen Seminar zusammengezogen. Ich sagte, es müsse die Frage gestellt werden, wie eine angemessene Technik für die Landgebiete Indiens aussehen sollte. Soweit ich gesehen habe, muß die Lösung Mittlere Technik heißen, etwas, was weit besser ist als die Hacke und weit billiger und einfacher zu unterhalten als der schleppergezogene Pflug. Mithin scheine mir bei richtiger Einschätzung der Lage die mittlere Lösung angemessen. Zuerst stieß das auf ziemliche Ablehnung, und ich verließ den Ort verärgert. Aber fünfzehn Monate später wurde eine gesamtindische Konferenz über Mittlere Technik einberufen. (Da der Begriff ihnen immer noch nicht gefiel, sprachen sie von angemessener Technik. Das ist in Ordnung, es handelt sich um einen rein formalen Begriff, der mir das Leben sehr erleichtert: Wenn ich in Indien bin und jemand auf mich zukommt und sagt, was ziemlich häufig geschieht, wissen Sie, Mister Schumacher, ich halte nichts von angemessener Technik, dann sehe ich ihm einfach gerade ins Gesicht und sage, ausgezeichnet, Sie sind also für unangemessene Technik?)

Es ist nicht einfach zu bestimmen, was nun angemessen ist, aber auf jeden Fall muß es der jeweiligen Situation angepaßt sein. Märkte sind in den ländlichen Gebieten gewöhnlich klein, so daß die großen, auf Massenproduktion ausgelegten Anlagen nicht zu ihnen passen. Daher ist wahrscheinlich eine der Hilfsdefinitionen die, daß es sich um kleine Einheiten handeln muß. Kürzlich war ich in Sri Lanka. Dort sagte man mir, man habe kleine Zuckerpflanzungen über das ganze Land verteilt, besitze aber nur eine große Raffinerie. Es sei aber unwirtschaftlich, alles Zuckerrohr in diese eine Fabrik zu bringen, wenn man an die Kosten für das Öl, den Transport und so weiter denke. Sie hätten sehr gern eine Kleinanlage gehabt. Sie hatten sich auf der ganzen Welt danach umgesehen und waren zu dem Ergebnis gekommen, daß niemand eine solche Anlage hatte. Das System der Großen ist an so etwas nicht interessiert. Die Kleinanlage zur Zuckergewinnung, genau das, was Sri Lanka braucht, hat man nun tatsächlich in Indien gegen den Widerstand der Großen in der Zuckerindustrie entwickelt. Jetzt, da es sie gibt, sagt jeder, Gott sei Dank, und nun hat der kleine Mann in Sri Lanka und anderswo eine Möglichkeit, seinen Lebensunterhalt zu verdienen.

Als zweiter Punkt liegt klar zutage, daß die ländlichen Gebiete armer Länder über keine intellektuelle Infrastruktur verfügen. Kein Geschäftsführer, leitender Ingenieur, Rechtsberater und so weiter erscheint auf Pfiff auf der Bildfläche. Die angemessene Technik auf der mittleren Stufe ist aber nun so einfach, daß man diese Spezialisten auch gar nicht braucht.

Sagen wir als Beispiel, jemand errichtet eine Fabrik für irgendein Erzeugnis in der Wüste. Das ist weit schwieriger, als beispielsweise in Salzgitter eine Fabrik einzurichten. Warum? In der Wüste gibt es keine Infrastruktur. Das bedeutet, man muß erst Straßen bauen und die Menschen näher an die Fabrik heranbringen. Man muß Wohnungen für diese Menschen schaffen und Schulen, Krankenhäuser und so weiter bauen. Wenn man Probleme mit der Buchführung hat, kann man nicht einfach um die nächste Ecke gehen und einen erstklassigen Sachverständigen anheuern. Man muß sie möglicherweise über Tausende von Kilometern herbeifliegen. Wer einen neuen Personalleiter braucht, kann nicht, wie in Salzgitter, einfach eine Anzeige ins Lokalblatt einrücken, auf die sich sofort ein Dutzend Bewerber melden. Alles, was jemand als gegeben voraussetzen darf, der in Salzgitter arbeitet, und über das er sich den Kopf nicht zu zerbrechen braucht, was aber draußen in der Wüste nicht vorausgesetzt werden darf, heißt Infrastruktur. An vielen Orten ist die Infrastruktur über Jahre, mehrere Generationen und in Europa über Jahrhunderte hin gewachsen. Zu ihr gehört eine riesige Zahl von Kabeln, Rohrleitungen und Kanälen unter dem Straßennetz. Wenn das in einem armen Land von heute auf morgen geschaffen werden soll, ist das ungemein teuer. Will man also zuerst eine ausgefeilte Infrastruktur haben und anschließend eine Industrie für Massenproduktion errichten, muß man sehr lange warten. Ich weiß aber nicht, woher der Reichtum kommen soll, mit dem man diese ausgeklügelte Infrastruktur bezahlen kann. Für die Arbeit im kleinen Rahmen braucht man keine ausgefeilte Infrastruktur und kann rasch produktiv werden. Man verfügt dann später vielleicht über die Mittel, um die Infrastruktur ein wenig zu verbessern. Das ist meine Meinung.

In Burma hatte ich es mit Buddhisten zu tun. Burmesen haben es gern, wenn man in Gleichnissen zu ihnen spricht. Daher sagte ich, stellt euch eine Straße vor, von der ein Weg abgeht, an dessen Ende ein Schuppen steht. Im Schuppen nun sitzt ein Huhn, das ein Ei legt. Die Straße, den Weg, den Schuppen und das Huhn – das alles braucht ihr gar nicht, denn ihr wollt das Ei haben. Wenn ihr aber euer ganzes Geld für die Straße, den Weg und den Schuppen ausgebt, habt ihr nichts mehr und könnt euch nicht einmal das Huhn leisten, das das Ei legen soll. Das ist kein sehr gutes Geschäft. Also müßt ihr die Anforderungen an die Infrastruktur so gering wie möglich halten, ihr müßt eure Produktionsmethode und euren Standort so wählen, daß ihr nicht euer ganzes Geld für Straßen, Wege, Schuppen und dergleichen aufzuwenden braucht. Dann bleibt euch auch mehr Geld für eine größere Zahl Hühner, die mehr Eier legen.

Da wir es mit armen und nicht mit reichen Menschen zu tun haben, ist es drittens sinnlos, mit sündhaft teuren Gerätschaften zu ihnen zu gehen, so schön die sein mögen, und ihnen zu sagen: Komm mal her, ich zeige dir, wie man das macht. Das bedeutet, ich zeige jemandem, was er tun könnte, wenn er reich wäre. Die Armen sehen dem mit wachsendem Staunen zu und sagen, nun, wir sind nicht reich, daher ist das für uns bedeutungslos. Es beweist uns lediglich, daß wir nichts sind. So etwas zerstört Menschen. Es handelt sich dabei um einen sogenannten negativen Demonstrationseffekt. Wir können dann nach Hause gehen und über die Kluft zwischen den Kulturen plaudern und wie wir sie schließen können. Die Mittlere Technik hingegen sagt, nein, wenn ich helfen möchte, muß ich es ernst meinen und mich selbst auf die Stufe des Armen stellen, um ihn und seine Lage zu verstehen. Dann wird mir rasch klar, was angemessen ist – auf jeden Fall etwas, was man ohne großen Kapitalaufwand durchführen kann. Man beachte bitte, daß ich nicht sage, es müsse arbeitsintensiv sein. Das ist nicht mein Ziel, mir geht es um die Kapital*ersparnis*. Das sind durchaus unterschiedliche Dinge. Bei uns gibt es niemanden, der voller Einfühlung und Einfallsreichtum an die Aufgabe herangeht und nutzlose Arbeit tun möchte. Mithin ist Arbeitsintensität als solche nicht erwünscht, wohl aber Kapitalersparnis.

Das sind einige der Gesichtspunkte, die einem erst nach und nach klar werden. Weil nun das Kind einen Namen haben muß, nennen wir es Mittlere Technik. Der Weg zur Verwirklichung ist schwierig. Wer unterstützt uns dabei? Im wesentlichen Stadtmenschen. Aber lösen lassen sich die Schwierigkeiten nur in den Landgebieten, und die Kluft zwischen Stadtmenschen und Landbewohnern ist riesengroß. Die einen haben in gewisser Weise eine Bildung empfangen und versuchen, Menschen zu helfen, die nach ihrer eigenen Werttabelle eine geringere Bildung haben. Die Kluft zwischen dem Gebildeten und dem Ungebildeten ist ungeheuer tief. Außerdem sind die Gebildeten reich, die versuchen, den Armen zu helfen. Auch diese Kluft ist sehr tief. Mithin sind drei klaffende Abgründe zu überbrücken. Das ist eine Herausforderung an unsere Phantasie. Auf diesem Gebiet stehen die reichen und Hilfe leistenden Länder bisher recht kläglich da, denn wir haben immer nur gesagt: Hier ist die Lösung, geht mal zur Seite, und wir zeigen euch, wie das geht.

Es folgt ein wirklich bildhaftes Beispiel für die einfache Technik, das als Symbol für das Ganze dienen kann, nämlich für eine andere Art zu denken. Ein großer Teil der Dritten Welt ist unfruchtbares Land, und zwar nicht aus Mangel an Regen, sondern weil das Regenwasser aus bestimmten Gründen einfach in die Flüsse und durch sie ins Meer abläuft. Gott hat es so eingerichtet, daß es mehr oder minder überall regnet. Nur sehr wenige Teile der Erde bilden eine Ausnahme davon. An einigen Stellen der Erde, beispielsweise in Mitteleuropa, regnet es ständig, an anderen Stellen kommt der Regen in großen Schüben, und wenn man nicht sehr gut aufpaßt, läuft er auch sehr schnell wieder vom Boden ab. Nun soll man aber nicht einfach alles Wasser durch den Fluß ins Meer laufen lassen und sagen: «Wir haben ja diese großartige Technik und bauen eine Entsalzungsanlage.» Denn in dem Fall hätte man Süßwasser nur an einer Stelle, während man es im ganzen Land braucht. Daß Wasser dann und dort verfügbar ist, wann und wo es gebraucht wird – so muß man überlegen. Man lasse sich nicht von den großartigen Dingen ablenken, die wir tun, sondern tue das Notwendige. Beispielsweise verwende man seine Intelligenz auf den Bau unterirdischer Regenwasserzisternen. Selbstverständlich wissen wir, wie man so etwas mit großem Kostenaufwand tut. Wie aber läßt es sich billig tun und so, daß der Dorfbewohner möglichst wenig Geld für Materialien ausgeben muß, die er nicht hat? Vielleicht muß er eine sehr große Arbeitsleistung erbringen. Doch in vielen dieser Länder besteht ohnehin ein Überangebot an Arbeitskräften. Das nenne ich angemessene Technik.

Ich will ein weiteres Beispiel liefern. Räder von Ochsenkarren brauchen Stahlreifen, damit sie gut abrollen und lange halten. Wir wissen schon gar nicht mehr, wie man Stahl auch ohne große Maschinen maßgerecht biegt. Wie aber macht man das in einer kleinen Landgemeinde ohne solche großen Maschinen? Geht es über die Kräfte des Menschen, so etwas im kleinen Umfang zu erledigen? Nein, wir erinnern uns, daß unsere Vorfahren das bereits vor James Watt konnten. Sie benutzten dazu sehr raffiniertes Werkzeug. Ein Exemplar davon haben wir in einem französischen Dorf gefunden, es war über zweihundert Jahre alt – großartig erdacht, aber schwerfällig gemacht. Wir haben es zum National College mitgenommen und gesagt: «Los, Jungs, das könnt ihr doch sicher besser. Verbessert das Werkzeug, errechnet mit Hilfe eurer neuzeitlichen Mathematik die genauen Krümmungsradien und was noch so nötig ist.» Als Ergebnis haben wir ein Werkzeug bekommen, das nach dem Wissensstand von 1974 verbessert wurde, aber von jedem Dorfschmied hergestellt werden kann. Bisher war in der modernen Welt das kleinste Biegewerkzeug dieser Art nur mit Hilfe eines Fremdantriebs elektrisch zu betätigen und kostete etwa dreitausend Mark. Dies andere Werkzeug kostet nur dreißig Mark, kommt ohne Elektrizität aus, und jeder kann es bedienen. Das aber ist etwas ganz anderes als eine Rückkehr zur vorindustriellen Ära. Wir nutzen unser Wissen in unterschiedlicher Weise, und wir wissen, daß das geht.

Ich betone unser Interesse an nichtlandwirtschaftlichen Tätigkeiten in ländlichen Gebieten. Es steht nur eine bestimmte Menge Land zur Verfügung, das eine stetig wachsende Bevölkerung immer weiter unterteilen muß. Daher ist es ein brennendes Bedürfnis, *Industrie in die Landgebiete zu bringen.*

Vor einigen Jahren kam ich in einen Ort namens Khurja, etwa hundertfünfzig Kilometer von Neu-Delhi entfernt. Gegen Ende der vierziger Jahre hatte die indische Regierung Khurja zum idealen Herstellungsort von Porzellan erklärt, das dann nicht mehr eingeführt werden müßte. Man richtete eine Stelle zur Förderung der Keramik ein, aber sonst geschah nichts. Die Einrichtung zog einige erstklassige Techniker an, unter ihnen T. N. Sharma. Ihm fiel auf, daß niemand sich mit den nötigen technischen Verfahren vertraut gemacht hatte. Er überzeugte die Regierung von der Notwendigkeit, ihn an verschiedenen Orten auf der Welt diese Technik studieren zu lassen. Er ging als Mr. Sharma fort und kam als Dr. Sharma zurück. Daraufhin trug man ihm sogleich die Leitung eines großen Industriebetriebes zur Massenproduktion in Kalkutta an, und er nahm an. Dann auf einmal erinnerte er sich, daß er ja eigentlich diesen armen Leuten in Khurja hatte helfen wollen. Also ging er nach Khurja und wählte aus allem, was er gesehen hatte, die dem kleinen Mann angemessene Technik aus. Innerhalb von zwölf Jahren sind dreihundert Töpfereibetriebe wie Pilze aus dem Boden gewachsen.

Ich war dort und habe gesehen, daß jetzt dreißigtausend Menschen ihren Lebensunterhalt mit der Herstellung von Töpferwaren, Porzellanwaren für Krankenhäuser und die Elektroindustrie verdienen. Es ist wirklich ein Wunder. Das hat mich gefesselt. Dreihundert Unternehmen. Ich ging umher und stieß auf jemanden, der einige hundert Menschen beschäftigt. Ich fragte ihn, woher er stamme. Er kam aus dem Pandschab. Warum er hierhergezogen sei, ob ihm die Töpferei im Blut liege? Nein, keineswegs, er kam aus einem Bauerndorf. «Warum sind Sie dort fortgegangen?» – «Kein Land, es gehört meinem Bruder.» – «Und wo haben Sie das hier gelernt? Immerhin leiten Sie jetzt einen

Betrieb.» – «Dr. Sharma hat es mir beigebracht.» – «Schön, Dr. Sharma hat Ihnen die Geräte und so weiter zur Verfügung gestellt und Sie ausgebildet, soweit es die Technik angeht. Wo aber haben Sie gelernt, wie man den Betrieb leitet?» Er sagte: «Was gelernt? Man macht das einfach.» – «Na, hören Sie», sagte ich, «hier sind dreihundert Leute, die von Bauernhöfen, aus kleinen Dörfern kommen und jetzt Unternehmer sind mit insgesamt dreißigtausend Beschäftigten. Wie viele Betriebe gehen hier in Konkurs?» Er sagte, er habe davon noch nie etwas gehört. Das gibt doch zu denken. Ich habe keinen Grund anzunehmen, daß dieser ganz und gar offene Mensch mir Lügen auftischte. Ich habe auch andere gefragt. Wir glauben immer, das sei alles so schrecklich kompliziert, nur weil wir diese äußerst komplexe Technik geschaffen haben. Aber in Wirklichkeit, wenn man die Dinge auf wirkliche Einfachheit zurückführt, ist die Leitung eines Betriebs kein großes Problem mehr.

Kürzlich saß ich in einem Restaurant, ganz in der Nähe einer Familie, die aus Vater, Mutter und einem sehr aufgeweckten Jungen von etwa acht bis zehn Jahren bestand. Sie sahen sich die Speisekarte an, und der Junge sagte: «Ich möchte Leber mit Speck.» Die Kellnerin stand am Tisch, der Vater ging die Speisekarte durch, dann die Mutter, und schließlich bestellte der Vater drei Steaks. Die Kellnerin sagte: «Zwei Steaks und einmal Leber mit Speck», und ging davon. Der Junge sah seine Mutter an und sagte: «Mutti, sie nimmt mich ernst!» Ich kenne solche Situationen aus der Industrie; plötzlich werden Menschen, die über einen langen Zeitraum immer dieselbe stupide Arbeit getan haben, vielleicht durch Zufall oder auch auf Grund bestimmter unternehmerischer Prinzipien als *Menschen* ernst genommen. Sie erleben etwas Ähnliches wie dieser kleine Junge. Sieh mal an, denken sie, hier werde ich als Mensch wahrgenommen, nicht nur als Mittel zu einem Zweck.

Ja, ich glaube, wir sind in dies Leben mit dem Auftrag hineingestellt worden zu lernen, daß wir den Unterschied zwischen dem sehen, was tatsächlich wirklich, tatsächlich wichtig, von Dauer und von wahrem Wert ist, und dem, was oberflächlich, episodisch, zeitlich und damit vergänglich ist. Die Unterscheidung muß der Mensch treffen. Die Welt darf sich nur an die Dinge halten, auf die es wirklich ankommt, und nicht an die oberflächlichen und vergänglichen Dinge, die den größten Lärm machen. Das ist die Botschaft der Religion. Allerdings weiß ich, daß sie normalerweise in allerlei anderen Variationen weitergegeben wird. Wer sich aber an diese Botschaft nicht hält, ist ein unglücklicher Mensch ohne wirkliche Ziele. Ich habe lange gebraucht, um zu begreifen, warum die Religion sich so mannigfaltig aufgespalten hat – weil jeder sich so die auswählen kann, die ihm am besten in den Kram paßt. Für mich war das die römisch-katholische Auffassung vom Christentum, und jetzt kümmern mich so ausgefallene Fragen nicht mehr wie: Wie kann etwas so Unglaubliches wie der Mensch durch einen zufälligen Zusammenprall von Atomen entstanden sein? Also sage ich, was soll das, das ist doch töricht. Ich weiß nicht, wie es zugegangen ist, aber ich glaube an einen Schöpfergott. Sobald ich an diese höhere Stufe glaube, wird die Vorstellung, der Schöpfer sollte solch redseligen

Geschöpfen wie Ihnen und mir Leben verliehen haben, ohne sich uns je mitzuteilen, zu einer äußerst unwahrscheinlichen Annahme. Er hat durchaus zu uns gesprochen.

Das ist der Sinn hinter dem einfachen Wort ‹Offenbarung›. Wir besitzen die heiligen Bücher der Menschheit, und ich habe viele, viele Jahre damit verbracht, sie zu durchdenken, und keineswegs nur in der christlichen Überlieferung. Ich meine, daß es derselbe Geist ist, der zu uns allen spricht. Auf verschiedene Weise, sei es erzieherisch, sei es eher unauffällig. Stets muß man sich um Verständnis bemühen, denn es wird nicht als gegeben vorausgesetzt. Hier handelt es sich um die große Erziehung, die wir in unserem Leben empfangen können. Haben wir das erst einmal verstanden, merken wir, daß wir uns nicht mehr zu sorgen brauchen. Uns ist die Kraft gegeben, in diesem Leben etwas zu bewirken, wir können zwischen den falschen und den wirklichen Fragen unterscheiden und sind dabei glücklich.

Unser System ist bisher mit außergewöhnlicher Zerstörung vorgegangen, und ich glaube, daß wir auf die metaphysischen oder meinethalben die philosophischen oder religiösen Gründe dieser Situation zurückgehen müssen. Wir haben in neuerer Zeit viel von der Misere der Unterschichten gehört. Das zeigt die metaphysische Verderbnis, an der wir leiden, denn es ist eine historische Tatsache, daß es der Unterschicht in Westeuropa früher recht gut ging. Aber natürlich war der Begriff Unterschicht nicht mehr länger haltbar, als man die Vorstellung aus unserem Denken verbannte, der Mensch sei in gewisser Hinsicht Diener dieser Welt oder zumindest ihr Treuhänder. Daher müssen wir uns der Ursachen bewußt werden. Es stimmt schon, daß nur sehr wenig dabei herauskommt, wenn man am gegenwärtigen System herumkuriert, außer in Fällen, in denen das Kurieren eine Rückkehr zu den wahren Werten bedeutet. Es nützt nur wenig, daß man nach großen Änderungen der Werte ruft, wenn man diese Werte nicht zumindest in einige neue Strukturen mit einbringt, ganz gleich, wie klein sie sind. Denn wir alle, oder zumindest einige von uns, wissen, wie man es uns gelehrt hat, daß im Anfang das Wort war, und das Wort ward Fleisch und wohnte unter uns. Jetzt sind wir in einer Krise dieser modernen Zivilisation befangen, die mehr oder weniger die beiden Lehrmeister verworfen hat, die der Menschheit beigegeben waren.

Welche sind das? Der eine ist das wunderbare System der lebenden Natur: Mit ihm hat die Kultur der Städte nichts gemein. Und der andere ist die Gesamtheit der überlieferten Werte, die überlieferte Weisheit des Menschengeschlechts, die wir ebenfalls zurückgewiesen und durch das eigentümliche Gebäude ersetzt haben, das wir exakte Wissenschaft nennen.

Wir wollen versuchen, uns bei dieser Gelegenheit daran zu erinnern, was ein Mensch eigentlich ist. Ich sage damit nichts Originelles; ich rufe es mir lediglich ins Gedächtnis zurück. Zuerst einmal ist er auf die eine oder andere Weise, wie auch immer man das auszudrücken versucht, von der göttlichen Stufe auf diese Erde herabgestiegen, als Sohn oder Tochter des Göttlichen. Zweitens ist er ein soziales Wesen. Er kommt allein nicht vor, ist in diesen gesellschaftlichen Zusammenhang hineingestellt. Und drittens ist er unvollkommen. Der Mensch wurde auf die Erde gesandt, um sich zu vervollkommnen. Aus dieser Erkenntnis heraus wurden alle ethischen Forderungen und Anweisungen an den Menschen formuliert. Als ein durch die Gottheit zur Erde gesandtes Wesen ist er aufgerufen zu lieben, was in herkömmlicher Ausdrucksweise ‹Gott› heißt. Als Gesellschaftswesen ist er aufgerufen, seinen Nächsten zu lieben. Der gesellschaftliche Aufbau müßte eigentlich diese drei absoluten Bedürfnisse widerspiegeln. Werden sie nicht erfüllt, kann der Mensch das nicht leisten, neigt er zur Zerstörung, wird unglücklich und zu selbstmörderischem Wahnsinn getrieben. Diese Bedürfnisse müßten die gesellschaftlichen, politischen und wirtschaftlichen Organisationsformen eigentlich berücksichtigen.

Aber sie tun es nicht. Nehmen wir das niedrigste der drei Bedürfnisse, nämlich die Forderung, der Mensch solle sich mit gern getaner konstruktiver Arbeit vervollkommnen und dabei immer der Tatsache eingedenk sein, daß er ein Kind Gottes ist. Bei den meisten Tätigkeiten ist das einfach nicht möglich. Man hat sie so organisiert, daß sie unaussprechlich langweilig sind. In vielen Teilen der Welt ist das einer der neuralgischen Punkte, weil die Menschen nicht mehr bereit sind, das hinzunehmen. Hier handelt es sich aber immer noch sozusagen um eine verschleierte Situation: Denn wo Arbeitskräfte zuwandern, hat man immer noch jemanden, den man herumstoßen kann. All das nähert sich jetzt aber seinem Ende. Beispielsweise gehen die Schwierigkeiten in der britischen Industrie darauf zurück, daß es keine neu eingewanderten Ausländer mehr gibt, die man herumstoßen kann. Es gibt dort keine Gastarbeiter wie in der Bundesrepublik Deutschland und in vielen anderen Ländern Europas. Die Briten selbst sind nicht mehr bereit, bestimmte Bedingungen in der Industrie hinzunehmen. Sie sagen, laßt euch gefälligst etwas einfallen und macht die Dinge menschlicher.

Die anderen beiden Forderungen, nämlich die, dem Nächsten zu dienen, und das oberste Gebot, entsprechend unseren moralischen Impulsen als ein von Gott geschaffenes Wesen zu handeln, lassen sich weithin wegen der Größe unserer Organisationen nicht verwirklichen. Nur in kleinen Organisationen können wir anderen Menschen von Angesicht zu Angesicht gegenübertreten und von Mensch zu Mensch Entscheidungen treffen.

In großen Organisationen müssen allerlei kleine Leute Vorschriften und Anordnungen durchsetzen. Vorschriften und Anordnungen aber können niemals gerecht sein. Schon Thomas von Aquin hat gesagt: «Gerechtigkeit ohne Barmherzigkeit ist grausam, Barmherzigkeit ohne Gerechtigkeit ist die Mutter der Verderbnis.» Also gibt es in einer großen Struktur eine Vielzahl von Vorschriften und Anweisungen, und die kleinen Leute, die mit den Kunden, Mandanten und so weiter zu tun haben, können nicht entsprechend ihren moralischen Impulsen handeln. Sie sagen, es tut mir sehr leid, aber ich führe nur Anweisungen aus, die man mir gegeben hat. Ich sehe auch, daß das sehr ungerecht ist, aber ich kann es nicht ändern. Damit werden die Impulse dieser Menschen unterdrückt, und es entsteht diese verrückte Situation, daß es nämlich an der Spitze aller großen Organisationen trotz guter moralischer Absichten auf Grund der falschen Struktur zu unmoralischen und geradezu gottlosen Ergebnissen kommt.

Ich könnte es auch anders sagen, und das hat gewisse Vorteile, weil damit die Gesamtheit unseres Lebens erfaßt wird. Ich könnte sagen, daß unvermeidlich F. L. weithin ausgelöscht wird, wenn die Dinge nicht die richtige Größe haben. F. L. ist aber der einzige Dünger, der wirklich hilft. Man frage nicht, wo man ihn kaufen kann, man macht ihn selbst. F. L. bedeutet Fürsorgliche Liebe, und unser Leben bedarf ihrer. Wird sie aus dem System hinausorganisiert, wird alles unproduktiv und über alle Maßen kostspielig. Ein gutes Beispiel dafür ist die Landwirtschaft: Durch die Entwicklung der Technik, die Abwanderung der Arbeitskräfte, den Einsatz von Chemikalien und großen Maschinen an Stelle von F. L. haben wir jetzt ein System ohne wirkliche Zukunft, denn es gründet ausschließlich auf nichterneuerbaren fossilen Brennstoffe und tut der Natur Gewalt an, statt Hand in Hand mit ihr zu arbeiten.

Es ist sehr aufschlußreich zu sehen, was geschieht, wenn die Planer immer wieder auf gutem Ackerland Sozialwohnungen bauen. Wir Umweltschützer protestieren dann gegen diese Zweckentfremdung des Bodens, denn Grund und Boden haben wir ohnehin viel zuwenig. Es sei verbrecherisch, diese Flächen der Lebensmittelproduktion zu entziehen. Drei oder vier Jahre später zeigt sich dann, daß fünfzig Familien darauf wohnen, jede hat ihren Garten, und der Ertrag ist weit höher denn je zuvor zu Zeiten, als das Land noch zum Bauernhof gehörte. Und alles, weil der Faktor F. L. wieder ins Spiel gekommen ist.

Alles hängt davon ab, wieviel der Boden tragen kann. Es gibt Untersuchungen, aus denen hervorgeht, daß bei dieser Art von Anbau, bei dem Lebensmittel für die Familie produziert werden, der Hektarertrag durchschnittlich fünfmal so hoch ist wie auf einem gut geführten Bauernhof. In Großbritannien, das nur etwa die Hälfte seines Nahrungsmittelbedarfs selbst deckt, sagen alle fortschrittlich Gesinnten, daß wir mit immer zunehmendem Einsatz von Chemikalien den Ertrag an Lebensmitteln verdoppeln müssen. Dann fahren sie fort, das sei auf jeden Fall unmöglich, und rücken mit einem Plan heraus, mit dessen Hilfe man den Ertrag um dreieinhalb Prozent pro Jahr steigern kann. In Wirklichkeit fällt er jährlich um etwa sieben Prozent. Diese Menschen sind nahezu unbelehrbar. Man muß die Frage stellen: Kann ein Land wie Großbritannien sich eine Landwirtschaft leisten? Ich glaube, eigentlich nicht, sondern höchstens Gartenbau. Dabei werden wirklich hohe Erträge erzielt, und dafür brauchte man eine neue Struktur.

Das ist die Art konstruktiver Arbeit, die jetzt von uns verlangt wird. Wir müssen uns mit den Einzelheiten beschäftigen und uns darüber klarwerden, daß wir unsere Sache heute nicht besonders gut und eigentlich sogar ziemlich schlecht machen, und müssen uns fragen: Wie können wir es morgen besser machen? Wir müssen erkennen, wie wenig selbstverständlich die Dinge sind, die wir als völlig normal ansehen.

Dies System ist nicht in Ordnung, es funktioniert nicht richtig. Eine weitere Intensivierung in derselben Richtung aber verschlimmert nur den herrschenden Fanatismus. Fanatismus hat man als die Haltung eines Menschen beschrieben, der seine Anstrengungen verdoppelt, obwohl er genau weiß, daß er sich auf der falschen Fährte befindet. Die Menschen zerbrechen sich den Kopf darüber, wie sie ihren Lebensstandard halten und verbessern können, während die Welt um sie herum, alles, worauf es wirklich ankommt, zusammenbricht. Ich finde, man sollte es nicht auf die leichte

Schulter nehmen, daß es in vielen Teilen der sogenannten reichen Welt auch für einen kräftigen Mann buchstäblich lebensgefährlich sein kann, nach Einbruch der Dunkelheit allein nach Haus zu gehen. Das ist die Wirklichkeit. Die technischen Spielereien sind nicht wirklich. Wenn ich überfallen werde, das ist wirklich.

Ich will von einer Zeit meines Lebens berichten, als ich die Chance, etwas zu lernen, beinahe verpaßt hätte. Es war im Krieg, ich arbeitete auf einem Bauernhof und hatte die Aufgabe, vor dem Frühstück über den Hügel zu einem Feld zu gehen und das Vieh zu zählen. Ich ging also hin und zählte – es waren immer zweiunddreißig Stück –, kehrte dann zum Gutsverwalter zurück, zog die Mütze und sagte: «Zweiunddreißig, Sir.» Dann konnte ich frühstücken gehen. Eines Tages stand ein alter Bauer am Gatter, als ich am Feld ankam, und sagte: «Mein Junge, was treibst du bloß jeden Morgen hier?» Ich sagte: «Nichts Besonderes, ich zähle das Vieh.» Er schüttelte den Kopf und sagte: «Wenn du es jeden Tag zählst, kann es nicht gedeihen.» Ich kehrte zum Haus zurück und meldete, daß die Herde vollständig war. Auf dem Weg dachte ich, immerhin habe ich Statistik gelernt, und er ist nur ein blöder Bauer, was also soll's. Als ich eines Tages wieder meine Kühe zählte, waren es nur einunddreißig, trotz sorgfältigen Nachzählens. Ich wollte nun nicht den ganzen Tag dort verbringen, kehrte zurück und berichtete das Ergebnis. Der Gutsverwalter war sehr ärgerlich und sagte: «Frühstücken Sie, und dann gehen wir zusammen hin.» Wir gingen gemeinsam hin, suchten überall und fanden unter einem Busch ein totes Rind. Ich dachte bei mir, wozu habe ich die Tiere eigentlich dauernd gezählt? Ich habe dieses Tier nicht vor dem Sterben bewahrt.

Vielleicht hatte der Bauer das gemeint. Sie gedeihen nicht, wenn man nicht darauf achtet, daß es jedem einzelnen Tier gutgeht. Man muß ihm ins Auge sehen und den Glanz seines Fells begutachten. Anschließend hätte ich zurückgehen und sagen können: «Ich weiß nicht genau, wie viele es sind, aber eines scheint mir zu kränkeln.» Dann hätte man das Leben dieses Tieres retten können.

Bei dieser Gelegenheit habe ich etwas gelernt. Ich habe später auch gemerkt, daß es in allen Überlieferungen der Menschheit ziemlich viel Widerstand gegen diese ganze Zählerei gibt. Ich weiß nicht, wie viele unter Ihnen noch bibelfest sind, aber man kann das an zwei Stellen finden, in der Chronik und im Buch der Könige. Der erste, der eine solche Zählung durchführte, war König David. Als er das tat, war der Herr sehr erzürnt. Er ließ ihn zwischen drei Strafen wählen, um zu sühnen. Und David sagte, ja, ja, ich weiß, daß ich gesündigt habe. Er gab keine Widerworte, und wir alle wissen, daß die alten Juden damals mit Widerworten rasch bei der Hand waren. Er verstand sogleich, daß etwas nicht in Ordnung war mit seiner Zählung, die Menschen behandelte, als seien sie austauschbar. Genau das aber sind sie nicht, jeder ist eine kleine Welt für sich.